내몸을 살리는 **건강**기능식품
(왜 영양보충제를 먹어야 하나!)

용안미디어

Encyclopedla of Nutritional Supplements
Copyright © 2010, Michael Murray
Original English edition published by murray publishing
lnc
Korean Translation Copyright © 2012 by Yong Ahn media,
Inc.

내몸을 살리는 건강기능식품

지은이 · 마이클 머레이

펴낸이 · 용안미디어

1판 1쇄 인쇄일 · 2012년 2월 01일

1판 2쇄 발행일 · 2013년 7월 20일

펴낸곳 · 도서출판 용안미디어

주소 · (135-081) 서울시 강남구 역삼1동 696-25 영성빌딩 3층

전화 · 010-6363-1110

팩스 · 02-6442-7442

등록 · 1994년 2월 25일 제16-837호

가격 · 5,500원

ISBN

내몸을 살리는 건강기능식품
(왜 영양보충제를 먹어야 하나!)

?

용안미디어

목차

제3부 무기질(미네랄) - 83

제4부 필수 지방산(오메가-3) - 111

제5부 부수적 영양소 - 115

부록 - 124

서문

이 책은 현대인의 식단에서 결핍된 영양소에 대해 알아보고 우리가 먹는 음식에 대한 달갑지 않은 진실과 함께, 농산물의 경작 방법, 유독물질, 생활 환경, 우리가 먹고 있는 음식의 영양학적 가치, 건강기능식품에 대해서 소개하고자 합니다.

이 책을 통해 우리가 먹는 음식이 얼마나 부실하며, 특정 영양소들이 건강에 얼마나 중요한 역할을 하는지도 알게 될 것입니다.

우리가 만들어낸 산화적 스트레스에 대해 충분한 대응책을 제공하지 않는 한, 환경적 위험을 신체가 스스로 감당할 수 없는 시대와 장소에 살고 있습니다. 우리가 가지고 있는 신체는 유독물질이 없는 오염되지 않은 순수한 환경에서 살도록 설계되어 있습니다. 또한 우리의 신체는 비옥한 토양에서 자란 신선한 천연 식품으로부터 건강한 삶에 필요한 영양소를 섭취하도록 설계되어 있습니다.

만일 우리가 오염되지 않은 청정환경에 살고 있고 신선한 천연 식품으로부터 우리가 필요로 하는 모든 영양소를 얻을 수 있다면 우리 신체는 스스로를 보호해주고, 치유해주며 재생시켜줄 수 있습니다. 이렇게 되면 우리는 질병으로부터 해방된 삶을 살 수 있습니다.

하지만, 불행스럽게도 인류역사상 그 어느 때보다 오염이 심각한 세상에 살고 있으며, 음식으로부터 얻을 수 있는 영양소가 과거 그 어느 때보다도 적은 시대에 살고 있습니다. 오직 우매하고 무지한 사람들만이 영양보충제가 필요없다고 믿을 뿐입니다. 우리가 이러한 사실을 좀더 잘 이해하면 21세기에는 최적의 건강을 유지하기 위해 건강기능식품은 더 이상 사치가 아니라 필수품이라는 것을 깨달아야 할 것입니다.

◎ 주의 사항 ◎

건강에 대한 자가 진단은 금물이다.

영양 보충제를 치료의 수단으로서 복용하고자 할 때는 담당 의사와 의논을 해야한다.

대부분의 영양 보충제들이 그 자체로도 효과적이지만, 식이 요법과 라이프 스타일에 중점을 둔 보다 포괄적인 자연 치료 요법의 한 부분으로 이용할 때 훨씬 효과적이라는 사실을 명심해야 한다.

제1부

건강기능식품의 세계

1. 왜 건강기능식품을 복용해야 하는가 ?

1). 황폐화된 토양에서 자란 식품을 먹고 있다.

먼저 토양의 영양 고갈 문제에 대해 이야기 해보자. 토양의 황폐화에는 여러가지 이유가 있겠지만 주로 상업화된 경작 방법에 기인한 것이다. 농부들은 수 천년 동안의 경험을 통해 토양이 쓸모없는 황무지가 되는 것을 막기 위해서는 질 좋은 퇴비와 휴경재배가 필수적이라는 사실을 알고 있다.

하지만 현대에 들어서면서 기업농들이 탄생하고, 중소 농작인들도 수익의 증대라는 이름으로 토양의 보존 노력을 제대로 수행하지 않고, 오직 생산량만을 늘리는데 도움이 되는 세가지 요소(질소, 인, 칼륨, 그리고 간혹 칼슘)를 추가할 뿐이다. 또한 현대 농법은 편리성을 추구하다보니 자연에서 얻는 질 좋은 퇴비보다는 기업에서 대량 생산된 화학비료를 사용하고 많은 양의 살충제를 살포함으로써 토양이 산성화 되고 있다.

이러한 경작 방법은 칼로리와 수분이 풍부한 농작물을 수확할 수는 있지만 우리가 필요로 하는 영양소를 결핍되게 하는 현상을 초래하게 된다. 현대식 경작 방법은 불과 몇 십년도 안되는 역사를 가지고 있지만 토양의 황폐화는 갈수록 심화되고 있다. 신선한 식품을 먹는 것도 중요하지만, 토양에 영양소가 없다면 우리가 먹는 식물에도 영양분이 존재할 수 없는 것이다.

우리가 가지고 있는 문제는 불행하게도 건강을 위해 신체가 필요로 하는 것보다 훨씬 적은 영양소를 함유하고 있는 토양에서 자란 식품을 섭취하고 있다. 사람들은 "어떻게 그런 일이 일어날 수 있을까"라고 의아해할지도 모른다. 하지만, 그 답은 간단하다. 식물이 자라는데는 질소, 인, 칼륨만 있으면 되지만 우리가 건강을 회복하고 유지하는데는 지금 말한 세 가지보다 훨씬 많은 영양소가 필요하기 때문이다.

현재 우리가 먹는 식품에는 미량영양소가 부족하거나 결핍되어 있으며, 앞으로도 상당기간 동안 이러한 문제가 해결될 것 같지 않다. 이러한 미량영양소는 밀리그램이 아니라 마이크로그램 수준으로 필요하지만 중요한 것은 그나마도 '부족'하다는 것이다.

심장질환은 현대인의 사망 원인 중 1,2위를 차지하고 있기 때문에 무엇보다 먼저 심장 건강에 중요한 미량 영양소에 대해 소개해보겠다. 셀레늄은 건강한 심장 기능에 매우 중요한 영양소이다. 대부분의 사람들은 비타민 E와 칼륨, 칼슘, 마그네슘 및 나트륨과 같은 미네랄의 중요성에 대해서는 잘 알고 있다. 하지만, 비타민 E의 상승제 또는 보조제 역할을 하는 셀레늄이 없다면 소용이 없다는 것은 잘 알지 못하는 경우가 대부분이다.

미국의 경우, 토양에 셀레늄이 고갈되어 있어 건강기능식품을 통한 섭취가 필수적이다. 하지만 이러한 현상은 미국에만 국한되지 않고 영국과 유럽 여러 지역에서도 나타나고 있으며 호주와 뉴질랜드 등 일부 토양에 적절한 양의 셀레늄이 포함되어 있는 것으로 보고 되고 있다. 그리고 셀레늄이 있는 토양에서조차 그 양이 충분하지 않은 경우가 많다. 휴경재배를 실시하지 않은 기간이 오래될수록 토양에는 영양분이 그만큼 줄어들게 된다. 그러한 점에서 유럽과 미국이 뉴질랜드나 호주보다 더 상황이 안좋지만 궁극적으로 모든 지역에서 토양에 존재하는 영양분이 고갈되게 될 것이다. 오직 예외가 있다면 그것은 화산 지역에 있는 농장이나 주기적인 홍수로 인해 생기는 범람원뿐일 것이다.

▶미네랄의 중요성

전문가들이나 자료에 따라 다소 상이하지만 우리 인간은 매일 42~78가지의 대량미네랄과 미량미네랄을 섭취해야 하며, 그러기 위해서는 우리가 먹는 농작물이 경작되는 토양에 질소, 인, 칼륨 이외에도 여러가지 미네랄을 공급해주어야 한다. 그렇게 함으로써 식품이 체내에 제대로 흡수될 수 있기 때문이다. 미네랄은 필수영양소 중의 하나이지만, 그 중요성이 간

과되거나 과소 평가되는 경향이 있다. 따라서 건강을 위해서는 미네랄에 대해 좀더 많은 관심을 기울여야 한다.

건강하게 성장한 식물은 토양으로부터 다양한 미네랄을 흡수하며 식물의 수액에 있는 당영양소와 결합한다. 따라서 이들 식물을 섭취하면 생체이용률이 높은 미네랄을 섭취하는 셈이다. 반면에 휴경재배나 토양에 영양을 보충하는 노력이 없다면 우리의 토양은 영양분이 고갈되어 결국 생명을 잃게 되고 말것이다.

미(美)상원의회 자료(문서 제264호)에 따르면 "현재 수백만 에이커(1에이커=1,224평)에서 경작하고 있는 작물(과일, 야채 및 곡물)이 더 이상 충분한 양의 미네랄을 함유하고 있지 않아 우리를 '기아 아닌 기아'로 몰아 넣고 있다고 한다. 따라서 현대인들은 제 아무리 많은 음식을 먹어도 완벽한 건강을 위해 필요한 양의 미네랄을 충분히 섭취할 수 없는 결과를 초래하고 있다는 것이다.

미네랄을 충분히 섭취하기 위해서는 이들을 함유한 과일과 야채를 충분히 섭취해야 하며, 그러기 위해서는 엄청난 양의 음식을 먹어야 하지만 그러기에는 우리의 위가 그만큼 크지 않다는데 문제가 있다." 이렇듯 우리가 섭취하는 음식의 영양학적 가치가 과거와는 다르며, 그 중 일부는 음식으로서의 가치가 전혀 없는 것으로 파악되고 있다.

토양의 영양 결핍은 물론 그러한 토양에서 자라는 식물에

미네랄이 결핍됨으로써 생기는 문제가 전세계에 걸쳐 점차 심각해지고 있다. 그러나 이러한 문제를 구체적으로 파헤치려는 사람은 거의 없다. 따라서 이 문제에 대해 우리가 알고자 하는 충분한 자료를 얻는 것도 쉽지는 않다. 그러나 인내심을 가지고 살펴보면 현재의 토양과 그러한 토양에서 자란 식물에 대한 영양 정보가 매우 혼란스럽다는 사실을 접하게 될 것이다.

상업적인 경작 방법과 그로 인한 토양의 황폐화 문제는 그 자체가 책의 제목이 될만큼 매우 심각하게 다루어지고 있지만 영양소의 손실에 영향을 미치는 요소는 여기에서 그치지 않고 가공이나 조리방법으로 인한 것까지 다양하다. 이 책에서는 이 문제들에 대해서도 간단히 언급하고자 한다.

이 주제에 대해서는 쏘시, 램버그와 맥애널리(Souci, Ramberg and McAnalley)가 쓴 책을 인용하고자 한다. 그 전에 먼저 폴 버그너(Paul Bergner)의 연구 내용에 대해 먼저 알아보도록 하자. 폴 버그너는 미국영양학회와 기타 자료로부터 1914년, 1963년 및 1992년 사이에 수확한 과일과 야채의 미네랄 및 비타민 함유량을 보여주는 자료를 수집하여 연구조사를 실시하였다. 다음 도표는 1963년에서 1992년에 이르는 기간 동안 다양한 원인으로 인해 이루어진 미네랄 손실 정도를 요약한 것이다. 그는 오렌지, 사과, 바나나, 당근, 감자, 옥수수, 토마토, 셀러리, 상추, 브로콜리, 양상추, 콜라드 잎사귀와 근대를 분석하였다.

과일과 야채의 미네랄 함유량 변화 추이
(기간:1963~1992)

미네랄	평균 변동량 (%)
칼슘	- 29
철분	- 32
마그네슘	- 21
인	- 11
칼륨	- 6

우리가 먹는 음식은 50년 전만큼 영양소를 제공하지 못하고 있으며 다양한 연구 자료에서 손쉽게 볼 수 있듯이 농산물에 함유되어 있는 영양소가 매년 계속해서 감소하고 있다. 이러한 점에서 정부의 건강관련기관이 모든 사람들에게 건강보조식품의 섭취를 권장하는데 얼마나 시간이 걸릴까 하는 것이 영양 전문가들의 주요 관심사가 되고 있다.

필자는 여기에서 우리가 매일 먹는 음식은 생존을 위해 필요한 칼로리는 충분히 공급해주지만, 왜 최적의 건강을 유지하는데 필요한 영양소는 제공해주지 못하는지 그 이유를 소개하고 있다.

"만일 여러분이 확신하지 못한다면 좀더 구체적으로 말씀드리겠다. 최근에 수행된 연구 조사에 따르면 현재 우리가 먹고 있는 신선한 과일과 야채는 30년 전의 것보다 비타민 및 미네랄의 함유량이 터무니 없이 적다는 것이 밝혀졌다. 1951년과

1999년 사이에 25가지의 과일과 야채에서 발견된 7가지 비타민과 미네랄 수준을 비교하는 연구에서 전반적인 영양소 손실이 영양소의 증가보다 훨씬 초과 되었다. 영양사가 되기 위해 열심히 공부하는 사람들이나 의사들도 이러한 중요한 자료에 대해 공부하지 않으면 알 수가 없다. 따라서 그들은 음식으로부터 얻는 주요 영양소의 손실이 생각보다 훨씬 크다는 사실을 잘 알지 못하는 경우가 있다.

이들 음식에는 브로콜리(칼슘, 리보플라빈, 비타민 A, 비타민 C), 시금치(리보플라빈과 비타민 E), 감자, 콜리플라워, 딸기, 토마토와 고추(비타민 C)가 포함되어 있다. 여기에 더욱 놀라운 사실이 있는데, 1951년의 경우 브로콜리 1회의 섭취로 성인남성을 위한 비타민 A가 1일 권장량 이상이 공급되었다. 하지만, 지금은 과거와 동일한 양의 비타민 A를 섭취하려면 브로콜리를 2배 이상 섭취해야 한다. 마찬가지로 1951년에는 복숭아 2개만 먹으면 성인 여성을 위한 비타민 A 권장량이 공급되었지만, 지금은 1일 권장 사용량을 충족시키기 위해 무려 53개의 복숭아를 먹어야만 한다는 것이다. 1951년에 먹던 복숭아 2개가 현재 수확하고 있는 복숭아 53개에 해당하는 영양분을 제공했던 것이다. 하지만 이것은 비타민 A에만 국한된 것으로 비타민 C까지 고려한다면 이러한 통계는 더욱 달라질 것이다.

1930년과 1980년에 수확한 40개의 과일과 야채에 함유된

8개의 미네랄 자료를 분석한 또다른 연구는 야채의 경우 칼슘, 마그네슘, 구리 및 나트륨 성분이 상당히 감소되었으며, 과일의 경우 마그네슘, 철분, 구리 및 칼륨이 감소된 사실을 확인해 주었다. 또한 이들 식품은 수분량은 높았으나 섬유질 량은 상당히 낮은 것으로 나타났다.

2).미성숙 조기수확한 과일과 야채를 먹고 있다.

더욱 심각한 문제는 농산물을 대부분 수송 및 보관기간 등을 이유로 완전히 익지 않은 상태에서 수확을 한다는 것이다. 여기서 우리가 알아야할 사실은 완전히 익은 과일과 야채만이 해당 식물이 가지고 있는 고유한 식물영양소를 충분히 제공해 줄 수 있다는 것이다. 이 문제의 중요성에 대해서는 뒤쪽에서 말씀드리기로 하고 우선 "미성숙 조기 수확"과 관련한 영양소 결핍에 대해 먼저 예를 들어 보겠다. 이것이 여러분들의 기억 속에 오래 남을 수 있을 것 같다.

여러분들은 한번쯤, "무엇이 토마토나 수박의 육질을 붉게 만드는 걸까?"라고 생각해보았을 것이다. 농산물에서 볼 수 있는 붉은 색은 주로 라이코펜이라는 매우 중요한 항산화제로 인한 것이다. 라이코펜은 진홍색을 띤다. 따라서, 아직 익지 않은 녹색 토마토에는 라이코펜이 거의 함유되어 있지 않다. 이러한 측면에서 익지 않은 토마토는 결국 칼로리 공급 이외 에는 별로 쓸모가 없게 되는 것이다.

상업적으로 운영되는 농장에서는 중요한 영양소가 형성되기 전, 익지 않은 상태에서 과일과 야채를 수확한다. 수확 후 가스를 이용해 비자연적인 방법으로 색을 변하게 만들어 출하를 시킨다. 이렇게 함으로써 운반이나 식품 가게에서 저장에 필요한 시간을 벌 수 있기 때문이다. 하지만, 중요한 것은 칼로리의 양은 동일하지만 우리가 얻고자 했던 영양소는 얻을 수 없다는 것이다.

만일 작물을 기르는 토양에 우리가 필요로 하는 영양소가 존재하지 않거나 충분히 익기 전에 작물을 수확한다면 칼로리는 얻을 수 있지만 필요한 영양소는 얻을 수 없는 것이다. 이미 앞서 언급했듯이 화산지역이나 영양분이 풍부한 범람원에서 경작된 것이 아니라면 작물은 인체가 필요로 하는 영양소를 충분히 공급해주지 못하게 된다.

▶ 현대의 상업농이 생산하는 작물의 특성

- 칼로리는 과거와 동일하다 (열량이 높아 동시에 체중 증가로 이어질 수 있다).
- 수분 함량이 높다 (무게가 많이 나가서 수익이 증가한다).
- 섬유질의 함량이 낮다 (몸에 독소가 쌓인다).
- 식물영양소(라이코펜 포함)의 함량이 매우 낮거나 거의 없다.
- 미량미네랄의 함량이 매우 낮거나 거의 없다.

3).가공과정을 통한 영양이 손실된 음식을 먹는다.

천연식품의 영양소 결핍 문제를 더욱 악화시키는 것은 거의 모든 사람들이 열을 포함한 여러가지 방법을 이용하여 천연상태의 음식을 가공한다는 점이다. 이 경우 천연식품에 함유돼 있는 영양학적 가치는 사용된 열의 양에 비례하여 그만큼 줄어들게 된다. 현대인이 사용하는 대표적인 가공 방법에는 조리, 통조림, 건조법 등이 있다.

만일 열처리를 통해 특정 식품의 영양소 90%가 손실되면 해당 식품으로부터 원하는 최소 영양소를 섭취하기 위해서는 원래 의도된 양의 10배에 해당되는 음식을 섭취해야 한다.

"하지만 그것이 가능한 일일까요? 물론 돈 문제가 아닙니다."필요한 영양소를 섭취하기 위해 무작정 음식을 먹게 되면 칼로리만 증가하고 그로 인해 생기는 심각한 건강문제는 감당할 수 없다는 것이다.

미국은 전세계에서 가장 풍풍한 나라이며 세계 경제가 발전하면서 각 나라마다 비만 인구가 늘고 있다. 따라서 영양소 권장 섭취량을 유지하기 위해서 식품의 섭취량만을 증가시키는 것은 바람직한 대안이 될 수 없다.

예를 들어 천연상태에서 숙성되지 않거나 영양이 결핍된 토양에서 경작하여 가공한 토마토에서는 오직 10%의 라이코펜밖에 얻을 수 없다면 우리가 원하는 수준의 라이코펜을 섭취하기 위해서는 10배의 토마토를 먹어야 한다. 이것은 우리가 수확하는 과일과 야채를 사용해서 건강보조식품을 만든다 해도 마찬가지로 건강하게 경작된 토마토가 제공할 수 있는 정도의 라이코펜을 얻기 위해서는 10배의 재료가 필요한 것이다.

천연 상태에서 익히지 않은 과일과 야채를 사용하거나, 재료를 열처리 하거나, 영양이 결핍된 토양에서 경작한 작물을 사용하여 건강식품을 제조하는 경우, 동일한 양의 영양소를 얻기 위해서는 상대적으로 많은 원재료를 확보해야 하는 것이다. 따라서 오늘날 건강식품의 품질이나 효능은 원재료의 품질은 물론 제조과정에서 이루어지는 품질관리 기술에 의해 결정되고 있다. 슬픈 일이기는 하지만, 이것이 바로 우리가 가지고 있는 현실이다. 하지만 한편으로 21C 건강식품에서는 품질관리가 매우 중요하다는 것을 반증해주는 사실이기도 하다. 그것은 전문적인 품질관리 부서가 원재료의 공급원과 관계없이 소비자가 필요로 하는 효능과 순도를 보장할 수 있어야 하기 때문이다.

현대를 살아가는 대부분의 사람들은 바쁜 생활로 인해 인스턴트 식품 등 가공된 음식을 많이 섭취하고 있는데, 이러한 식품들은 가공과정에서 많은 영양소들이 파괴되고 몇 가지 기능을 첨가하기는 하지만 대부분 열량만 남아있는 상태로 섭취하게 된다. 한마디로 열량은 많으나 영양소가 부족한 음식으로 살아가고 있는 것이다.

식약청은 섭취빈도가 높은 조리식품 10품목을 선정 분석한 결과 생식품에 비해 비타민 C함량이 28~68% 수준으로 적게 나타나는 등 조리로 인한 파괴현상이 매우 큰 것으로 확인됐다고 했다. 조사결과 비타민C는 평균 32% 파괴되었으며 시금치의 경우 단시간 조리하였음에도 비타민C는 21%, 비타민B2는 31%감소하는 것으로 나타났다. 콩밥에서는 비타민B2가 24%가 감소하였으며 비타민B1은 콩밥28%, 고등어조림26%, 시금치에서 31%가 줄어든 것으로 나타났다. ①

특히 끓이기, 찌게, 볶기, 조림, 데치기의 조리법에 대한 조리전, 후의 영양소 함량과 잔존율을 비교한 결과 비타민A와 E는 20% 가량 파괴되었으며 비타민B1은 끓이기, 데치기, 조림에서 각각 45%, 31%, 26% 등이 손실된 것으로 드러났다.

성분	조리후 평균 파괴량 (%)
비타민A	-20
비타민B1	-34
비타민C	-32
비타민E	-20

4).스트레스와 과로에 지친 우리 몸은 더 많은 영양소를 필요로 한다.

21C 대부분의 사람들은 많은 업무와 스트레스 속에 살아가고 있다. 이러한 스트레스를 이겨내기 위해서는 특히 비타민A

와B, 비타민C와 E, 비타민6, 칼슘, 마그네슘, 아미노산 등 많은 영양소를 필요로 하게 되는데, 스트레스가 쌓일때 이러한 영양소를 제대로 공급해주지 못하면 스트레스를 이겨내지 못하고 몸이 병들게 된다.

병든 몸은 회복을 위해 약물을 투여해야 하고 치료 약물들은 영양소 흡수를 방해하게 되어 더욱 더 많은 영양소를 필요로 하는 악순환이 된다.

5).각종 유해 생활환경에서 살아남기 위해 충분한 영양섭취로 면역력을 키워야한다.

산업화와 물질문명의 발달로 일산화탄소, 납, 수은 등 많은 유해 물질과 알콜, 흡연, 음식첨가물 등 유해 환경속에 노출된 현대인들은 면역력에 큰 타격을 받을 수밖에 없다. 이러한 면역력 저하는 질병에 쉽게 노출되기 때문에 충분한 영양섭취와 함께 적당한 운동로 면역력을 키워야 한다.

▶ **21세기에 접어들면서부터 암으로 사망하는 사람이 부쩍 증가하고 있다**

우리 나라에서도 사망원인의 상위를 차지하고 있는 질병이 각종 암이다. 암에 의한 사망은 해마다 늘고 있다. 발암과 깊은 관계가 있는 것이 활성산소이다. 자유기(Free Radical)라고 불리기도 하는 이 활성산소가 인체에 심각한 해를 끼친다. 인간이 살아 나가기 위해서는 산소를 체내에 흡수하는 일이 필요불가결하다. 그러나 흡수한 산소의 2% 정도는 세포 내에서 활성산소로 변하여 세포막이나 유전자에 손상을 입힌다.

인체는 참으로 정교하게 만들어져 있다. 인간의 세포는 효소에 의해 발생한 활성산소를 소거(消去)하여 무해한 것으로 바꿔놓는 시스템을 갖추고 있다. 다만, 소거 시스템이 잘 작동하지 않을 때에는 활성산소가 대량 발생하여 여러가지 질병을 일으킨다는 것이 밝혀졌다. 또 발암성 화학물질 중에는 세포 내에서 신진대사를 할 때 활성산소를 발생시켜 그 결과로 발암성이 생긴다는 사실도 규명되었다.

오늘날처럼 대량으로 화학물질을 섭취하는 생활환경에서는 활성산소 생성이 용이해져 세포내의 소거 시스템이 이것을 감당하지 못해 해로운 활성산소가 많이 발생하게 된다.

우리 생활은 옛날과 비교하여 어떻게 바뀌었을까. 또한 무엇이 변화되어 이렇게 많은 암환자가 발생할까. 공기나 물도 확실히 변화하였지만 그것보다 더 변한 것이 의식주생활이다.

지난 20~30년 사이에 가공식품의 수는 엄청나게 늘어났다. 가공식품은 확실히 편리하다. 이는 여성의 사회진출에도 크게 기여하였다. 그러나 암이 증가한 원인을 살펴본다면 옛날에는 먹지 않았지만 근래에 먹기 시작한 가공식품을, 그리고 이것에 포함되어있는 각종 식품첨가물을 의심하지 않을 수 없다. 이 식품 첨가물 중에는 발암성을 의심받는 물질이 상당히 많기 때문이다.

▶현대인의 질병에 깊은 관계가 있는 식품 첨가물

　소아성인병, 골다공증, 알츠하이머 병(노인성 치매), 심장질환, 당뇨, 알레르기, 암, 동맥경화, 고혈압, 뇌졸증 등 현대병이라고 불리는 각종 질병과 식품첨가제 사이에는 깊은 상관관계가 있다는 생각이 의학계에 확산되고 있다. 식품첨가물 수백여 종 중 20여종은 인산화합물이다. 인산은 칼슘을 배출시키는 작용을 하기 때문에 아무리 우유를 마셔도 칼슘이 결핍되게 만든다. 또 고혈압을 예방하기 위하여 음식의 염분을 줄인다 하여도 식품첨가물에 나트륨염이 많이 포함되어 있기 때문에 가공식품을 다량 먹고 있는 한, 효과적인 감염을 할 수가 없다.

　몸 속에 이물질이 들어오면 우리 몸은 면역 글로브린 E(IgE)라는 물질을 만들어 자신을 지킨다. 그러나 계속 이물질이 들어오면 이것을 처리하지 못하고 알레르기 체질로 변해버린다. 식품 첨가물에는 이 면역 글로브린을 방해 하는 것이 많다. 따라서 식품첨가물 섭취량이 증가하면 암에 걸리기 쉬운 체질이 되는 것이다.

▶ 암에는 15년 이상의 잠복기간이 있다

　어육 햄이나 소시지의 살균제로 사용되던 AF2는 발암성이 있다는 것이 알려져 그 사용이 금지되고 있다. 사용이 금지되었기 때문에 문제가 해결된 것 같지만 반드시 그렇다고 할 수도 없다. 암에는 15년 이상의 잠복기간이 있기 때문이다. 암의 원인물질을 15년 이상 소급하여 규명할 수는 없다. 체내에 들어오자마자 즉시 이상을 일으키는 급성독성이 있는 물질은 그 인과관계를 당장 알아낼 수가 있다.

그러나 조금씩 장기간에 걸쳐 섭취하여 몸에 악영향을 끼치는 만성 독성이 있는 물질은 질병과 원인의 인과관계를 분명히 규명하기가 쉽지 않다. 결국 조금이라도 발암 가능성이 있는 물질을 피해 자기방위를 도모하는 방법밖에 없다. 미국에서는 1958년 "양의 다소에 불구하고 동물에게 발암성이 있으면 식품첨가물로 사용해서는 안된다"는 델러니 조항이 법률화되었다.

▶ 위험도가 높은 식품은 피한다

불안전한 식품을 조금이라도 섭취한다고 해서 몸에 악영향을 끼치는 것은 아니다. 10~15년 이상 장기간에 걸쳐 섭취하기 때문에 문제가 생기는 것이다. 여러가지 식품이 넘쳐흐르는 오늘날 별로 신경을 쓰지않고 무의식적으로 음식을 먹는다면 건강을 유지하기가 어렵다. 식품첨가물의 상태와 종류도 그 수가 증가하기도 하고, 규제가 완화되거나 금지되기도 한다. 따라서 언제나 올바른 정보를 파악하고 있는 것이 바람직하다.

안전한 식품을 분간할 수 있는 지식을 기르고 위험도가 높은 식품은 될 수 있는 대로 멀리 하는 것이 자기나 가족의 건강을 지키는 최선의 방법이다.

▶화학물질 과민증과 중독

지난 수 십년 사이에 인공적인 화학물질이 계속 출현하여 우리들 주변은 화학물질의 홍수를 이루고 있다. 이들 화학물질이 일으키는 여러가지 장애 중에는 '화학물질 과민증' 이란 것이 있다. 해로운 화학물질을 일정량 이상 체내에 섭취하면 중독이 된다. 그 양이 적더라도 계속 섭취를 하면 만성적인 알레르기 증상이 생긴다. 화학물질 과민증은 1백만분의 1그램 이하의 극미량인 화학물질로도 증상이 나타난다. 종잡을 수 없는 것이 화학물질 과민증이지만 비교적 그 원인 물질로 규명하기 쉬운 것이 유기린, 포르말린, 신나드 등이다.

생활과 아무런 관련이 없는 물질 같지만 실은 유기린은 살충제나 방충제 원료로, 포르말린은 의류 등의 소독에, 신나드는 도료로 집안 도처에 사용되는 물질이다. 휘발성이 높기 때문에 기체가 되어 집안에 가득 차게 된다. 따라서 가족 중 집안에 있는 시간이 긴 주부, 그리고 신진대사가 왕성하기 때문에 화학물질을 섭취하기 쉬운 어린이들이 가장 큰 피해자가 된다. 설상가상으로 일단 어떤 화학 물질 증상이 나타나기 시작하면 다른 화학물질에 의한 반응도 잇따라 생기게 된다.

화학물질 과민증을 일찍부터 다루어 온 미국에서는 공공 장소에서의 유기인 계통 살충제 사용을 규제하고 있으며, 독일에서는 면역 이상을 일으킨다는 이유로 화장실의 방향제 사용을 규제하고 있다.

화학물질 과민증과 중독의 차이는 개인차가 있어 증상이 나타나는 사람도 있고 전혀 느끼지 않는 사람도 있다. 이는 연령이나 건강 상태 이외에도 영양의 균형, 유해 물질의 해독 능력의 차이 등 여러가지 요인이 관계하고 있기 때문이다. 그 예방법도 일률적으로 말할 수 없는 면이 있으나 충분한 영양섭취라는 점에 유념하는 것이 좋다.

6).질병은 예방이 최선의 치료 방법이다.

현대를 살아가는 대부분의 사람들은 많은 질병에 노출되어 있다. 이러한 질병들을 예방하고 치료하기위해 과학적 연구와 관찰의 결과 식이요법과 건강기능 식품, 약초 등 자연 치료 요법의 효과를 입증 했을 뿐만 아니라 중요한 발전을 해왔다. 이는 우리가 한평생을 살아 가면서 우리 몸의 근본적인 질병이 영양 불균형에서 시작된다는 결과이다. 또한 이 질병들을 예방하고 치유하는데 많은 영양소를 필요로 하기 때문이다.

7).성인병과 만성질환의 위험을 감소시키는 가장 저렴한 방법이다.

월터월렛 하버드대 영양학과 교수는 그의 저서 "하버드 의대가 당신의 식탁을 책임진다"에서 대부분의 경우 종합비타민과 무기질(미네랄) 보충제를 섭취하는 것이 좋다고 추천한다. 이는 성인병과 만성질환 위험을 감소시키는 저렴한 방법이라는 것이다.

질병을 일으키는 원인으로 널리 알려진 것이 독성물질(Toxins)이다. 독성물질이 몸 안에 생기면 일단 간의 '글루타티온'이라는 영양소에 의해 독이 없는 물질로 바뀐다. 간의 제독(除毒)능력보다 더 많은 독성물질이 몸안에 생기면, 이들 독성물질은 몸을 구성하는 세포조직에 쌓인다. 이렇게 되면 흡사 벌에 쏘여 벌독이 몸 안에 들어와 그 부위가 아프고, 벌겋게 부풀어 오르며, 그 부분의 기능이 저하되는 것과 같은 증상이 일어난다.

'염증'이란 이런 증상의 의학적 표현인데, 염증의 국소적 표현이 질병이다. 즉, 간염은 간의 염증 현상이고, 관절염·자궁염·신장염·안염·피부염·관절·자궁·신장·눈·피부의 염증상태를 말한다.

이것을 다른 말로 표현하면 모든 질병은 염증상태를 의미한다. 즉, 염증은 간에서 제독되지 못한 독성물질이 세포조직에 쌓여 발생하게 되는 것이다. 따라서 모든 질병의 원인은 독성물질이라는 결론에 이르게 된다. 이러한 점에서 질병을 치료한다는 것은 곧, 더 이상 몸에 독성물질이 생겨나지 않도록 하는 것이라는 사실을 쉽게 이해할 수 있을 것이다.

▶외적 독성물질과 내적 독성물질

독성물질이 몸에 생기는 경로는 크게 두가지로 나눌 수 있다. 그 하나는 물, 공기, 식품의 재료, 가공식품 등에 포함돼 있는 독성물질이 몸 밖에서 직접 몸 안으로 들어오는 경우이다. 오늘날 고도의 문명사회에서 다양한 유형의 질병이 계속 생겨나는 중요 원인이 바로 이와 같은 환경요인 때문이다. 이와 같은 독성물질을 외적 독성물질이라 부른다.

또 하나의 경로는 인체의 에너지 대사과정에서 몸 안에 스스로 생겨나는 독성물질인데, 이것은 내적 독성물질이라고 한다.

▶불완전한 에너지 대사가 독성물질을 만든다.

에너지 대사란 입으로 섭취한 영양소를 코로 호흡한 산소로 몸의 세포 속에서 연소시켜 에너지(열량)를 만드는 화학작용을 말한다.

이 에너지 대사가 완전하게 진행되지 못하면—흡사 연탄의 불완전 연소로 생명을 빼앗아가는 독성물질인 일산화탄소가 생기는 것처럼—강력한 독성물질이 생겨나게 된다. 이 에너지 대사를 방해하는 요인으로는 세가지를 생각할 수 있는데, 그 첫번째가 영양적 요인이다. 인체의 세포에 있는 유전인자

DNA에는 처음부터 건강을 위한 영양소의 종류와 각 영양소 간의 균형이 입력되어 있다.

만약 이렇게 입력돼 있는 영양소의 종류가 충족되지 않거나 또는 각 영양소간의 균형이 맞지 않으면 에너지 대사는 불완전하게 되고 그 결과 독성물질이 많이 생겨 질병의 원인이 된다.

이러한 영양의 종류와 균형을 위한 과학이 식이요법이다. 영양적 요인에서 또 하나 중요한 것이 영양의 요구량이라는 개념인데, 질병의 종류에 따라 특정 영양소의 요구량이 엄청나게 높아진다.

물론 질병상태가 해결되면 비정상적으로 높아졌던 영양의 요구량도 다시 정상적으로 되돌아오게 된다. 이렇게 높아진 영양의 요구량을 충족하지 못하면 결과적으로 에너지 대사가 잘못돼 독성물질이 많이 만들어지는데, 이런 영양의 요구량을 충족하기 위한 과학이 식품요법이다.

식이요법과 식품요법은 모두 영양을 통해 건강을 다룬다는 점에서 영양요법으로 불리우기도 한다.

우리가 흔히 건강보조식품이라 부르는 영양기능적 제품을 식이요법과 식품요법을 위한 것이라고 생각하면 정확한 이해라고 볼 수 있다.

2.영양 보완의 의학적 역할

사람들이 이전보다 자연 의약품들을 더 많이 이용하게 됨에 따라, 의료 분야에서의 진화가 일어나고 있다. 흥미롭게도, 이런 현상이 일어나게 된 주요 요인은 과학적 연구의 증가와 이런 연구에 대한 대중들의 인식에 있다. 의학 연구자들은 이제 '자연' 치료 요법의 가치에 대한 더욱 철저한 인식에 필요한 기술과 지식을 갖고 있는 것 같다. 본질적인 면에서, 대부분의 자연 치료 요법들은 과학적 연구들을 통해 향상 또는 정밀화되고 있다. 과학이 자연의 치유력을 인정하는 미래 의학의 길을 열어 주고 있는 것이다.

◆과학이란 정확히 무엇인가?

과학이란 '무지나 오해와 구별되는 지식의 소유'를 말한다. 그리고, 과학적 지식은 과학적 방법을 토대로 하고 있다. 즉, 지식은 관찰과 실험을 통한 자료의 수집에 근거하고 있다는 의미이다. 그러나, 우리는 과학이 진화적인 것인 반면, 그 과학이 밝혀내고자 하는 저변의 자연 법칙은 항구적인 것이라는 사실을 명심해야 한다. 즉, 아이작 뉴턴 경이 중력을 설명해낼 수 있게 되기 훨씬 이전부터 중력은 이미 존재해 왔다는 것이다.

우리는 인체와 그 주변의 본질을 밝혀내기 위해 과학을 이용한다. 많은 과학 영역 중에서, 특히 의학 분야에서 혁신적인 발전이 믿을 수 없을 정도의 빠른 속도로 이루어지고 있다. 그 결과, 좀더 심층적인 지식을 획득하는 순간, 이전에는 과학적인 의술로 믿었던 사실들을 가차없이 버리게 되는 일들도 흔히 생겨나고 있다.

일례로, 1800년대의 과학적 의술은 방혈과 유독성 물질의 투약을 포함하고 있었다. 이와 마찬가지로, 아마 미래에는 의약품과 수술을 이용하는 현재의 치료법들 대부분이 쓸모없는 것으로 버려질 수도 있다는 것이다.

식품과 식품의 성분, 초본 향신료와 그 향신료들의 화합물뿐만 아니라, 인터페론과 인터루킨(interleukin), 인슐린과 같은 체내 화합 물질을 포함해서 자연 속에서 발견해낸 물질들을 이용하는 쪽으로 추세가 바뀌고 있다. 점점 더 많은 수의 연구자들이 이들 화합 물질들이 막대한 치유력을 갖고 있으며, 대부분의 질병 치료에 있어서 합성 의약품이나 수술의 방법보다 더 효과적이라는 사실을 밝혀내고 있다. 이러한 과학적 연구 덕택에, 자연 의약품을 선호하는 경향이 생겨나고 있다.

◆과학과 자연 약품

거의 모든 자연 치료 요법들은 과학적인 연구에 근거하고 있다. 대부분의 경우, 초기의 연구는 실험적이거나 관찰적인 성격을 띤 것이었다. 그러나, 지난 20여년 동안, 얼마나 많은 자연 치료 요법들이 건강 증진과 질병 치유에 효과를 발휘하는가에 대한 이해에 있어서 대단한 발전이 있었다. 이런 이해의 증진은 더욱 철저한 과학적 연구의 결과이다.

과학적 연구와 관찰의 결과, 식이 요법과 건강기능식품, 약초, 척추 조정요법 그리고 마사지뿐만 아니라 침술이나 바이오피드백(biofeedback), 명상, 동종요법과 같은 몇몇 비법들의 유효성도 지지되어 왔다. 과학자들은 과학적 연구의 많은 예들을 통해, 이런 자연 치료 요법의 효과를 입증했을 뿐 아니라 중요한 발전을 가져왔다.

♦새로운 의학 철학

과학은 자연 의학에 대한 우리의 지식 확장에 아주 중요한 역할을 한다. 그러나, 오랜 경험을 통해 입증된 다섯 가지의 기본 원리 역시 여전히 결정적인 중요성을 갖고 있다. 이들 원리들은 새로이 대두되고 있는 자연 요법 또는 대응 요법적 의학 철학의 토대 역할을 하고 있다.

- 원리 1 : 자연의 치유 능력을 응용한다. 인체는 상당한 자체 치유력을 갖고 있다. 독성이 없는 자연 치료 요법으로, 이 자체 치유 과정을 촉진시키고 향상시키는 것이 의사 또는 치료자의 역할이다. 무엇보다도, 의사 또는 치료자는 인체에 어떤 해도 가해서는 안 된다.

- 원리 2 : 인간을 하나의 전인체로 본다. 개인을 정신과 육체 그리고 영혼이 복합적으로 상호 작용하는 하나의 통합체로 보아야 한다.

- 원리 3 : 원인을 파악한 뒤 치료한다. 단순히 질병의 증상들을 억제하기보다는, 그 근본적 원인을 찾아내는 것이 더 중요하다.

증상은 인체의 자체적 치유의 시도 표시이다. 그러나, 질병의 원인은 신체적, 정신적 또는 감성적, 영혼적 차원의 문제에 있다.

- 원리 4 : 의사는 교사이다. 의사는 무엇보다도 먼저 교사가 되어야 한다. 환자 스스로가 건강에 도움이 되는 마음가짐과 생활 습관 그리고 식이 요법을 받아들여, 자신의 건강에 대해 좀더 책임을 지도록 환자를 교육시키고 용기를 북돋워 주는 것이다.

- 원리 5 : 예방이 최선의 치료다. 질병은 건강을 유지하고 질병을 예방할 수 있게 해주는 식이 요법과 생활 습관에 의해 가장 잘 예방할 수 있다.

우리는 사람들이 이러한 원리와 자연 의학적 치료법을 점점 더 많이 수용하고 있다는 증거들을 보고 있다. 이러한 수용은 과학적 연구 증가의 직접적인 결과이다. 과학자들은 오랜 경험을 통해 입증된 자연 요법적 의술과 다른 자연 치료 요법의 효용성을 입증하고 있다. 자연 의학의 효과에 대한 이런 입증은 당연한 것이다. 요컨대, 이런 원리와 기술이 진실에 근거를 둔 것이라면, 이들이 철저한 과학적 고찰에 맞서 설득력을 나타내는 것은 당연하기 때문이다.

자연 의학 분야에서의 과학적 연구는 특히 예방 분야에서, 보다 많은 향상을 가져올 것이다. 의약품으로 치료되고 있는 거의 모든 질병들은 예방이 가능하다. 전체 의료비의 70% 이상이 만성적인 퇴행성 질환에 소비된 것으로 추산되고 있다. 식사 및 생활 습관과 명백히 관련되어 있는 이 만성 퇴행성 질환은 미국인들의 생명을 앗아가는 주범이다. 심장병과 암, 뇌졸중 그리고 당뇨병이 그것이다.

과학은 의학의 방향을 고대의 진실들로 되돌리고 있다. 아마도 토머스 에디슨의 다음과 같은 유명한 말이 진실로 예언적인 것이었다는 사실이 판명될 것이다. 즉, '미래의 의사들은 약을 주지 않고, 환자들이 인체의 구조와 음식 섭취 그리고 질병의 원인과 예방에 관심을 갖도록 할 것이다.'

◆비타민과 무기질(미네랄)의 기능

비록 에디슨이 특별히 영양 보완에 대해서 언급하지는 않았지만, 오늘날 우리는 영양 보완을 식의 요법의 가장 중요한 부분으로 인식하고 있다. 영양 보완이란 용어는 비타민과 무기질 그리고 건강을 좋게 유지시켜 주고 질병을 예방하거나 치유해 주는 식품 성분들의 이용을 내포하고 있다.

비타민과 무기질 같은 영양소들이 인체 내에서 하는 가장 중요한 기능은 효소와 보조효소의 기본 구성 요소가 된다는 것이다. 효소는 인간의 신체적 기능에 필요한 화학적 반응에 박차를 가하는 분자들이다. 그리고, 보조효소는 효소의 화학적 반응을 돕는 분자들이다.

효소와 보조효소는 분자들을 연결시키는 화학 결합을 만들거나 깨뜨림으로써, 분자들을 연결시키거나 떼어 놓는다. 따라서, 영양 의학의 핵심은 특정한 조직의 효소들이 적정한 수준에서 작용할 수 있도록 하는 데 필요한 지지물, 즉 영양소의 공급 방법을 습득하는 것이다.

거의 모든 효소들은 필수 무기질과 단백질, 그리고 어떤 것은 비타민과 함께 구성되어 있다. 따라서, 효소에 필수 무기질이나 비타민이 결핍되어 있을 경우, 그 효소는 제대로 기능을 발휘 할 수 없다. 식이요법이나 영양상의 처방을 통해 필요한 무기질을 공급해 주어야만, 효소가 그 중요한 기능을 수행할 수 있는 것이다. 일례로, 아연은 시각 작용에서 비타민 A를 활성화시켜 주는 효소에 필요하다. 따라서, 효소 속에 아연이 없다면, 비타민 A는 활성 형태로 전환될 수 없다. 그렇기에 이런 결핍으로 인해 야맹증이 발생하는 것이다. 이때, 우리는 효소에 아연을 공급하는 '효소 치료 요법'으로, 효소가 그 중요한 기능을 수행할 수 있도록 해야한다.

　대부분의 효소들은 그 기능을 수행하기 위해 추가 지원을 필요로 한다. 이 지원은 효소와 함께 작용하는 보조효소의 형태로 주어진다. 거의 모든 보조효소들은 비타민과 무기질 복합체 또는 비타민이나 무기질로 되어 있다. 그리고, 이런 보조효소가 없는 효소는 무력하다. 일례로, 비타민 C는 콜라겐 합성에 관계하는 프롤린 히드록시화 효소의 보조효소 역할을 한다. 따라서, 비타민 C가 없을 경우, 콜라겐 합성에 장애가 발생하고, 그 결과 외상도 치유되지 않을 뿐더러 잇몸에서 출혈이 발생하고 쉽게 타박상을 입게 된다. 프롤린 히드록시화 효소가 아무리 풍부해도, 비타민 C가 있어야 이 효소가 제기능을 할 수 있기 때문이다.

♦영양 보충제의 대중화

지난 몇 년 동안, 그 어느 때보다도 많은 미국인들이 영양 보충제를 복용하고 있다. 어림잡아 1억 이상의 미국인들이 영양제를 상시로 복용하고 있다고 한다. 그러나, 영양 보완의 유용성을 뒷받침 해줄만한 막대한 증거가 있다는 사실에도 불구하고, 많은 의학 전문가들과 연구자들은 영양 보완에 찬성하지 않고 있다. 그들의 90%가 스스로 보충제를 복용하고 있는데도 말이다.

왜 그렇게 많은 미국인들이 영양제를 복용하고 있을까? 그들은 자신들이 필요로 하는 영양소를 식사를 통해 충분히 섭취하지 못하고 있다는 것을 알게 되었고 영양제를 복용하면 자신이 좀더 건강한 생활을 할 수 있다는 것을 깨닫게 되었기 때문이다.

수많은 연구 결과, 미국인들은 영양소가 불충분한 음식물을 섭취하고 있다는 것이 밝혀졌다. 미국 정부의 지원을 받은 광범위한 연구들(HANES Ⅰ과 Ⅱ, 10개 주의 영양 실태 조사, USDA 전국 식품 소비 현황 연구 등)의 결과, 미국 국민의 상당수(대략 50%, 특정 연령층의 경우는 80% 이상이 몇몇 영양소에 대해 권장 섭취량에 못미치는 양을 섭취하고 있었다)가 최저 영양 결핍을 보이고 있다는 것이 드러났다.

이러한 연구들은 거의 모든 미국인들에게 모든 영양소의 영양 권장량을 충족시켜 주는 음식을 섭취할 가능성이 거의 없다는 사실을 지적하고 있다. 다시 말해, 건강한 개인은 음식을 통해 필요로 하는 모든 영양소들을 얻을 수 있다는 사실이 이론적으로는 가능하지만,

거의 모든 미국인들의 경우, 식이 요법만으로는 필요한 영양소를 제대로 충족시킬 수 없다는 것이다. 따라서, 대부분의 미국인들이 필수 영양소 흡수량을 증가시키려는 노력의 일환으로 비타민과 무기질 보충제에 의지하고 있는 것이다.

거의 모든 미국인들이 많은 종류의 비타민과 무기질 결핍을 보여주고 있지만, 그 결핍의 정도는 대개 그 증상이 명백하게 눈에 드러날 정도는 아니다. 비타민 C의 결핍으로 발생하는 괴혈병과 같은 심각한 결핍증은 극히 드물다. 그러나, 최저 비타민 C 결핍증은 상대적으로 흔한 것으로 여겨지고 있다.

준임상적 결핍(Subclinical deficiency)이란 용어는 종종 최저 영양 결핍을 가리키는 용어로 쓰여진다. 준임상적 결핍, 즉 최저 영양 결핍은 고전적인 영양 결핍 증상을 야기시킬 정도로 심각하지 않은 특정한 비타민이나 무기질의 결핍을 가리킨다. 많은 경우, 준임상적 결핍을 가려낼 수 있는 유일한 단서는 피로나 무기력, 집중력 저하, 행복감의 결여를 포함한 다른 가벼운 증상들이다. 따라서, 준임상적 결핍의 진단은 음식 섭취에 대한 세밀한 분석이나 실험실에서의 분석을 필요로 하는 극히 어려운 작업이다. 게다가 그러한 테스트들은 대개 테스트 대상인 비타민의 일년치 섭취량을 복용하는 것보다도 훨씬 많은 비용이 들기 때문에, 경제적으로도 효용성이 없다.

◆영양 권장량으로는 충분치 않다.

국립 연구원의 식품 영양국(The Food and Nutrition Board of

the National Research Council)에서는 1941년 이래로 괴혈병(비타민 C 결핍증)과 펠라그라병(니아신 결핍증) 그리고 각기병(비타민 E 결핍증)과 같은 심각한 영양 결핍증의 발생률을 감소시키려는 취지에서, 비타민과 무기질의 영양 권장량 지표를 내세우고 있다.

또 다른 중요한 점은 개인이 아닌 여러 집단의 사람들이 영양소를 제대로 섭취하고 있는지를 평가하기 위한 토대로 영양 권장량을 마련했다는 것이다. 개인마다 영양소의 필요량이 너무나 다양하며, 모든 사람들에게 영양 권장량이 동일할 것이라고 가정할 수 없기 때문이다. 따라서, 식품 영양국의 진술처럼, '특별히 영양이 결핍되어 있는 경우 영양 권장량으로는 부족하다.'

연구자들은 막대한 규모의 과학적 연구를 통해, 많은 영양소들 특히 비타민 C와 E, 베타-카로틴 그리고 셀레늄과 같은 소위 산화 방지제 영양소들의 '최적' 섭취량은 그 영양소들에 대한 현재의 영양 권장량보다 훨씬 높을 것이라는 사실을 지적하고 있다. 영양 권장량이 인구 전체의 영양 결핍 방지에만 중점을 둔 것이어서, 한 개인의 '최적' 섭취량은 정해 놓고 있지 않기 때문이다.

영양 권장량은 비타민을 파괴하고 무기질을 연결지을 수도 있는 생활 습관과 환경적 요인들에 대해서도 충분히 고려하지 않고 있다. 일례로, 식품 영양국은 흡연자들이 최소한 비흡연자들의 비타민 C 섭취량의 두 배를 섭취해야 한다는 사실은 인정하고 있다. 그러나,

흡연자들의 경우 다른 영양소들은 어느 정도나 섭취해야 한단 말인가? 또한, 알콜과 음식첨가물, 납이나 수은 등의 중금속, 일산화탄소 그리고 현대 사회와 관련된 다른 화학 물질들의 흡수에 대해서는 어떻게 해야 한단 말인가? 이들 화합물질은 영양소의 기능을 방해하는 것으로 알려져 있는데 말이다. 현대인들의 삶을 위협하는 이런 요인들은 아마도 많은 사람들이 영양제를 복용하게 되는 또 하나의 이유일 것이다.

영양 권장량은 영양 섭취량을 설정해 놓음으로써 영양 결핍증을 예방하는 좋은 역할을 해오고 있다. 그러나, 최적의 영양 섭취량에 대해서 우리가 알아야 할 것들은 아직도 많다.

◆중요한 경고

영양 보충제라는 이 용어는 곧 이 책에서 설명한 유익한 화합물들이 건강을 위한 보완적인 수단이라는 것도 의미한다. 즉, 의약품이든 영양 보충제든 간에, 약을 복용한다고 해서 나쁜 식사 습관과 부정적인 태도 그리고 운동 부족을 보충할 수는 없다는 얘기다. 대부분의 영양 보충제들이 건강 증진에 효과적인 것은 사실이지만, 장기적으로 볼 때, 각 개인들이 긍정적인 마음가짐과 규칙적인 운동 프로그램 그리고 건강에 도움이 되는 식사에 주의를 기울이는 것이 절대적으로 필요하다는 것이다.

3. 몇 가지 실제적인 권장 사항

이 책은 특정한 영양소들에 대한 아주 흥미로운 정보들로 가득 차 있다. 따라서, 필자는 몇 가지 실제적인 권고 사항들을 제시하려 한다. 그렇게 하지 않을 경우, 독자들이 건강식품점에 가서 이 책에서 설명한 영양소들을 모두 사가지고 나올 수도 있기 때문이다. 이런 문제를 줄이기 위해서, 필자는 튼튼한 영양적 기반을 갖출 수 있도록 다음의 보충제들을 권한다.

- 양질의 복합 비타민과 무기질 영양 보충제를 복용한다.
- 특별히 질이 좋은 산화 방지제를 복용한다.
- 매일 매일 한 스푼의 아마씨유(오메가-3)를 복용한다.

▶권장 사항 1 – 양질의 복합 비타민과 무기질 영양 보충제를 복용한다.

지금까지 알려진 비타민과 무기질 모두를 공급해 주는 양질의 복합 비타민과 무기질 보충제 복용은 영양 보완 프로그램의 기초 역할을 한다. 우리 시대의 선두적인 생화학자들 중의 한 명인 로저 윌리엄즈 박사는 건강한 사람이라 해도 혹시 생길지 모르는 영양 결핍에 대한 하나의 '보험 처방전(insurance formula)'으로 복합 비타민과 무기질 보충제를 복용해야 한다고 말하고 있다. 이 말은 화재 보험에 들지 않았다고 해서 집이 불타 없어지는 것은 아닌 것처럼, 비타민과 무기질을 보완하지 않았다고 해서 곧 영양 결핍증이 일어나 지는 않을 것이라는 것을 의미한다. 그러나, 개인적인 차이와 비타민 과 무기질 활성 과정의 다양성이 가져올 수 있는 영양 결핍증의 막대 한 가능성을 고려해 볼 때, 복합 처방제에 의한 보완은 설득력이 있 는 것이다. 다음의 표는 양질의 복합 보충제의 최적 섭취량을 보여 주고 있다.

(비타민 권장 섭취량)

국제 단위(I.U.), 밀리그램(mg.), 마이크로그램(㎍.)

비타민	성인 권장량	비고

비타민 A(레티놀) 5,000 I.U.

-임신 가능한 나이의 여성은 하루 레티놀 섭취량이 2,500I.U.을 넘어서는 안 된다. 임신할 경우 선천성 기형아를 낳을 위험성이 있기 때문이다.

비타민 A   5,000~25,000 I.U. (베타 카로틴으로부터의)

비타민 D   100~400 I.U.

-위도 북부에 살고 있는 노인들은 많은 양을 섭취해야 한다.

비타민 E(d-알파 토코페롤) 100~800 I.U.

-비타민 E를 따로 복용하는 것이 비용면에서 더욱 효과적이다.

비타민 K(피토나디온)   70~140 ㎍.

비타민 C(아스코르빈산)   500~1500 mg.

−복합 처방제로 비타민 C를 보충하는 것보다 따로 복용하는 것이
더 쉬울 것이다.

비타민 B1(티아민)	1.2~1.8 mg.
비타민 B12(리보플라빈)	1.2~1.5 mg.
니아신	10~100 mg.
니아신아미드	10~30 mg.
비타민 B6(피리독신)	1.5~2 mg.
비오틴	30~100 μg.
판토텐산	4~7 mg.
폴산(엽산)	400 μg.
비타민 B12	2.4 μg.
콜린	10~100 mg.
이노시톨	10~100 mg.

▶**권장 사항 2 − 특별히 질이 좋은 산화 방지제를 복용한다.**

건강에 관심을 갖고 있는 사람들 대부분은 산화 방지제와 유리기 (free radical)라는 용어에 익숙하다. 대략 정의를 내리면, 유리기는 인체의 구성 성분을 결합하거나 파괴할 수 있는 반응성이 높은 분자이다. 이 유리기 또는 '산화적' 손상에 의해 인간의 노화가 발생한다. 유리기는 또한 미국인들의 생명을 앗아가는 두 개의 주요한 질병인 심장병과 암을 포함한 많은 질병의 발병에도 영향이 있는 것으로

밝혀지고 있다.

이와 대조적으로, 산화 방지제는 유리기 손상을 막는 데 도움을 주는 화합물이다. 베타 카로틴과 세레늄, 비타민 E와 비타민 C 같은 산화 방지 영양소들은 심장병과 암 그리고 다른 만성 퇴행성 질병들의 전개를 막는 데 아주 중요하다. 뿐만 아니라, 산화 방지제는 노화를 억제하는 것으로 밝혀졌다.

광범위한 자료들을 근거로 해 볼 때, 산화 방지 영양소 하나보다는 복합 산화 방지제가 훨씬 더 산화 방지에 효과적이다는 것이다.

그러므로, 필자는 각자가, 특히, 과일이나 채소처럼 식물성 영양분이 많이 함유되어 있는 식품을 섭취함은 물론, 많은 양의 한 가지 산화 방지제보다는 복합 산화 방지제를 복용할 것을 권장한다. 복합 산화 방지제는 서로 조화롭게 작용해서, 시너지 즉, 1+1=3의 효과를 낳을 수 있기 때문이다.

(**무기질 권장 섭취량**)

국제 단위(I.U.), 밀리그램(mg.), 마이크로그램(㎍.)

무기질	성인 권장량	비고
붕소	1~6 mg.	
칼슘	250~1,250 mg	

–골다공증에 걸릴 위험성이 있거나 골다공증으로 고통받고 있는 여성은 별도의 칼슘 보충제를 복용해야 한다.

크롬	200~400 μg.

–당뇨병과 체중 감소 환자들은 600μg을 복용해도 된다.

요드	50~150 μg.
철	15~30 mg.
구리	800 μg.

–남성과 갱년기 이후의 여성들에게는 구리의 보충이 거의 필요하지 않다.

마그네슘	250~500 mg.

–마그네슘 치료요법시, 별도의 마그네슘 보충제를 복용한다.

망간	2.5~15 mg.
몰리브덴	10~25 μg.
칼륨	2~5.6 g.
세레늄	50~200 mg.
실리카	1~25 mg.
바나듐	50~100 mg.
아연	10~45 mg.

인체에 주요한 두 개의 산화 방지제는 비타민 C와 비타민 E이다. 비타민 C는 액상의 산화 방지제이다. 이는 곧 비타민 C가 물로 구성되어 있는 인체 조직 속에 존재한다는 의미이다. 반대로, 비타민 E는 세포막이나 지방이 많은 분자들 같은 지용성 조직 내에 존재하기 때문에 지질상의 산화 방지제이다.

효력이 높은 복합 비타민과 무기질 처방제를 복용할 경우, 여러분은 세레늄과 아연 그리고 베타 카로틴 같은 산화 방지 영양소들을 대부분 공급받을 수 있다. 따라서, 보다 중요한 것은 비타민 C와 비타민 E의 적정 섭취량을 확보하는 것이다.

아래의 표는 전반적인 건강 상태에 도움을 주는 핵심적인 산화 방지 영양소들에 대한 필자의 일일 보완 지표이다. 여러분의 복합 비타민과 무기질 처방전은 이들 영양소들을 얼마나 공급하고 있는지를 확인해 보도록 한다.

(산화 방지제 권장 보완량)

국제 단위(I.U.), 밀리그램(mg.)

비타민	성인 권장량
비타민 E (d-알파 토코레롤)	400-800 I.U.
비타민 C (아스코르빈산)	100-1,500 mg.

▶권장 사항 3-매일 한 스푼씩 아마씨유(오메가-3)를 섭취한다.

식품 속에 포함되어 있는 지방질에 대한 관심이 높은 요즘 같은 시대에, 한 스푼씩의 아마씨유로 매일 매일의 식사를 보충하라는 필자의 권고가 어리둥절하게 여겨질 것이다. 그러나, 이 권고는 충분히 이치에 맞는 것이다. 하루에 필요한 칼로리 중에서 지방질로 섭취하는 양이 30% 이상을 넘지 말아야 한다는 것은 맞는 말이다. 그러나,

식이 필수 지방산의 결핍이 심장병과 암 그리고 뇌졸중과 같은 많은 만성 퇴행성 질병의 발병에 중요한 원인이 된다는 설이 제시되고 있다.

전문가들의 추산에 따르면, 미국인들 중의 약 80%가 필수 지방산을 불충분하게 섭취하고 있다고 한다. 그리고 이는 미국인들의 건강에 심각한 위협을 가하고 있다. 인체에 에너지를 공급할 뿐만 아니라, 식물성 식품에 의해 공급받을 수 있는 리놀릭(linoleic)과 리놀산 같은 필수 지방산은 인체 내에서 신경세포와 세포막 그리고 프로스타글란딘(prostaglandins)이라는 호르몬성 물질의 성분으로 작용한다. 이는 정상적인 생리 기능에 결정적인 역할을 할 뿐만 아니라, 필수 지방산은 실제로 심장병과 암, 다양한 경화증들과 류마티스성 관절염 같은 자가면역성 질병과 여러 가지 피부 질환 그리고 이외의 다른 질병들을 예방하고 치유해 준다. 연구자들은 필수 지방산 보충이 60가지 이상의 질병들을 호전시킨다고 지적하고 있다.

많은 사람들은 정제되지 않은 무공해 아마씨유가 필수 지방산의 적정한 수준을 회복시키는 해결책이라고 생각하고 있다. 아마씨유는 아주 독특한 물질이다. 아마씨유 속에는 필수 지방산 알파 리놀레닉(linolenic, 오메가-3 지방산)과 리놀산(오메가-6 지방산)이 모두 적당량 함유되어 있기 때문이다. 아마씨유는 오메가-3 지방산을 가장 많이 함유하고 있는 영양 공급원이다. 또한 등푸른 생선의 오메가-3 지방산이나 기타 오메가-3 지방산을 복용하는 것도 좋다.

제2부

비타민

지금까지 알려진 13가지의 서로 다른 비타민들은 각각 나름의 특별한 역할을 하고 있다. 지용성 비타민(A, D, E, K)과 수용성 비타민(비타민 B군과 비타민 C)의 두 종류로 나눌 수 있는데, 필자는 여기에 또 하나의 종류를 첨가하겠다. 콜린(cholin)과 이노시톨(inositol)이 포함되는 '비공인(unofficial)' 비타민 B군들이 그것이다.

비타민은 건강에 아주 필수적인 영양소이다. 비타민이 없다면, 인체의 중요한 작용들이 멈춰 버릴 것이기 때문이다. 인체 내의 비타민과 무기질 함유량이 낮을 경우, 우리들 대부분은 최적의 건강 상태를 유지할 수 없을 것이다.

비타민은 에너지 생산을 포함해서, 인간의 신체적 기능에 필요한 화학 반응 속에서 효소와 더불어 기능한다. 비타민과 효소가 함께 작용해서, 분자들을 연결하는 화학적 결합을 만들거나 파괴하는 데 촉매제 역할을 하는 것이다.

지용성 비타민

비타민 A, 비타민 D, 비타민 E, 비타민 K

수용성 비타민

비타민 C

티아민 (비타민 B1)

리보플라빈 (비타민 B2)

니아신 (비타민 B3)

피리독신 (비타민 B6)

비오틴

판토텐산과 판토텐

폴산 (엽산)

비타민 B12

'비공인' 비타민 B군

콜린, 이노시톨

비타민A

기능

과학자들은 시각 기관에 대한 비타민 A의 역할을 가장 중요시하고 있다. 비타민A는 크게 레티롤과 베타카로틴으로 나눌 수 있는데 레티롤은 비타민A의 형태로 동물성 식품에 풍부하게 함유되어 있고 베타카로틴은 녹황색이나 적황색 야채 등에 함유되어 체내에서 비타민 A로 전환된다. 눈의 망막은 비타민A를 함유하고 있는 네 가지의 광색소를 갖고 있는데. 간상체(밤의 시각을 책임지는 레티날 세포들)에 있는 로돕신(rhodopsin)과 낮 동안의 시각(파랑, 노랑, 빨강)을 책임지는 서로 다른 각 원추체들 안에 있는 세 개의 이오돕신(iodopsons)이 그것이다. 비타민A는 빛을 감지하여 물체를 식별하는데 필요한 로돕신과 이오돕신 생성을 도와 시력을 보호하는 역할을 하며, 또한 상피세포(피부 및 신체의 내벽을 이루고 있는 점막)의 형성과 유지에 기능한다. 빛의 변화에 대한 적응 곤란과 밤에 시력이 약해지는 것은 비타민 A의 수치가 낮을 때 나타나는 초기적 증상들 중의 일부이다.

결핍 징후와 증상

비타민 A 결핍은 불충분한 식이 섭취량이나 비타민 A의 흡수와 저장, 운반을 방해하는 몇 가지 부수적인 요인들로 인해 일어날 수 있다. 비타민 A 결핍을 초래하는 것으로 알려진 몇 가지 요인들로는 다음의 것들이 있다. 담즙산과 췌장액의 부족으로 인한 흡수 불량 및 단백질−에너지의 결핍, 간의 질병들 그리고 저단백극세포증(Abetalipoproteinemia)이 그것이다.

비타민 A 결핍과 함께 일어나는 면역 체계의 이상으로는, 효과적인 항체 반응에 대한 준비 능력 손상과 헬퍼 T−세포(helper T-cells) 수치의 감소, 호흡기와 위장관 계통의 점막내벽 변질이 있다. 비타민 A 결핍증에 걸린 사람들은 감염성 질병에 더 걸리기 쉽고, 치사율도 높다. 뿐만 아니라, 감염이 되는 동안에는, 비타민 A의 저장량이 급속하게 고갈된다. 이로 인해, 악순환이 계속되는 것이다.

연구 결과 유독성 화학물질에 노출되면 간 속에서의 비타민A 분해를 증가시키기 때문에 비타민A의 필요량을 증가시키는 결과를 초래한다. 질병으로는 야맹증, 안구 건조증, 호흡기 질환 , 에이즈, 폐렴, 포상 각화증, 발육지연, 피부 건조증 등이 있다,

주요 효용

바이러스성 질병에 대한 면역 증강, 다양한 피부질환 치료, 암과 심장질환 예방, 산화 방지제 역할, 면역 강화와 감광성 치료, 안구 건조증과 눈 건강, 성장 촉진과 뼈 건강.

상호 작용

비타민 E와 아연은 비다민 A의 성상적인 기능에 특히 중요하다. 아연과 비타민 C, 단백질, 갑상선 호르몬 결핍은 프로 비타민 A 카로틴의 비타민 A 전환에 장애를 일으킨다.

안정성 임신 중에는 복용을 금하는 것이 좋다. 어린이들의 과다 복용시 식욕부진, 구토와 두통, 관절통, 혼수 상태, 울혈유두와 함께 두개골 압력 상승이 나타난다. 일반적인 유독 증상으로는 식욕부진, 피부 건조와 트임, 손톱 부서짐, 탈모, 흥분, 발열, 피로, 치은염, 등이 나타난다

영양 공급원 레티놀-계란 노른자와 유제품, 동물의 간, 생선, 베타카로틴-녹황색 야채와, 적황색 야채,

*1일 권장량 성인 남5000IU. 여성2500IU.

※ 비타민 B군

비타민B군은 총8가지로 구성되어 있는데 탄수화물, 지방, 단백질 등의 대사촉진과 에너지생산, 신경세포 기능에 중요한 역할을 한다. 즉 체내 신진대사 촉진에 관여하여 산소와 에너지를 함유하고 있는 영양소를 몸 구석까지 운반할 수 있도록 하는 것이다.

주요 기능은 피로물질 생성억제, 스트레스 해소, 성장촉진, 면역력 증강, 심혈관질환 및 암, 치매, 악성 빈혈, 기형아 출산, 당뇨, 고혈압, 구강염, 각기병, 눈건강 등의 예방과 치료에 도움을 준다.

 ## (비타민 B1) 티아민

기능

티아민은 에너지 생산과 탄수화물 대사, 신경 세포의 기능에 필수적인 효소(티아민 피로인산염)의 한 부분으로서 작용한다.

결핍 징후와 증상

심각한 티아민 결핍은 각기병을 유발시킨다. 비록, 중증의 티아민 결핍증은 상대적으로 드물지만(알콜 중독자의 경우는 예외이다), 대부분의 미국인들은 영양 권장량 1.5밀리그램도 섭취하지 않고 있다. 병원이나 요양소에 살고 있는 노인들이 특히 그렇다. 가벼운 결핍증상으로는 대개 피로와 의기 소침, 콕콕 찌르는 듯한 느낌과 다리 감각의 마비, 변비를 유발시킨다. 알콜 중독자의 경우에는, 티아민 결핍과 알콜의 결합이 심각한 치매 증상을 유발시킨다.

질병으로는 각기병(다발성 신경염, 전신무기력, 동통성 경직), 고혈압, 보행 장해, 심장장해 등이 있다.

주요 효용

티아민의 가장 주요한 효용은 티아민 결핍증(당뇨병과 크론병, 다발성 경화증, 다른 신경병에서 특히 많이 나타남)을 예방하고, 노인들과 알츠하이머병 환자들, 간질병 환자들에게서 나타나는 정신 기능 장해 예방 및 치료를 하는 것이다.

티아민은 뇌에서의 적당한 에너지 생산을 위해 필수적이다. 티아민 결핍은 정신 기능 장해로 나타나는데, 결핍 정도가 심각할 때에는 정신병으로 나타나기도 한다. 정신 병동에 입원한 선제 환자들 중의 30%는 티아민이 결핍되어 있다.

티아민은 뇌의 에너지원인 포도당의 생성을 도와 하나의 영양소 역할을 할 뿐만 아니라, 피로와 스트레스를 완화시켜 주고 말초신경을 정상적으로 유지하며 정신적 불안과 기억력을 개선시킨다.

상호 작용

티아민은 에너지 대사에 있어서 다른 비타민B 들과 복잡하게 관련되어 있다. 마그네슘은 티아민을 활성 형태로 전환시키는 데 필요하다. 알콜과 딜란틴 그리고 아마 다른 약들은 티아민을 억제한다.

영양 공급원: 콩, 현미, 해바라기 씨, 땅콩, 돼지고기

안정성: 어떤 유독성과도 관련 없음. *1일권장량 1.2~1.8mg

 ## (비타민 B2) 리보플라빈

기능

리보플라빈은 에너지 생산에 아주 중요한 것으로, 탄수화물과 아미노산의 산화와 관련된 물질대사에 관여하며 유리기 손상으로부터 세포를 보호해 주는 주요한 물질들 중의 하나인 글루타티온의 재생에도 관여한다. 낮은 수치의 식이 리보플라빈은 식도암과도 연관이 있다.

결핍 징후와 증상

심각한 리보플라빈 결핍은 입술과 입의 양 가장자리가 트는 증상, 혀의 염증, 빛에 대한 민감함과 시력 상실 같은 시각 장해와 백내장 형성, 눈과 입술, 입, 혀가 화끈거리고 가려운 증상 그리고 점막의 다른 장해 징후들로 나타난다. 리보플라빈 결핍은 또한 빈혈과 지루성 피부염을 초래할 수도 있다.

심각한 리보플라빈 결핍은 드문 반면, 낮은 수치의 리보플라빈 흡수량과 혈액 정량은 노인들 사이에서는 상당히 흔하다.

결핍 질병으로는 편두통, 백내장, 겸상적혈구 빈혈증 등이 있다.

주요 효용

리보플라빈의 주요 효용은 편두통과 백내장, 겸상적혈구 빈혈증 등에 있다.

상호 작용

리보플라빈은 티아민과 상당히 밀접하게 상호 작용한다. 몇몇 약품들 특히, 항말라리아제들은 리보플라빈 대사를 방해한다.

영양 공급원: 간, 우유, 계란, 아몬드, 버섯, 녹색잎 채소, 알 곡식

안정성: 어떤 유독성과 부작용도 밝혀진 바가 없다.

*1일 권장량은 1.2~1.5mg

 ## (비타민 B3) 니아신

기능

니아신은 심장을 보호하고 적정 혈압을 유지시키는데 아주 중요하다. 니아신은 혈당과 산화 방지 과정, 해독 반응에 관여하기도 한다. 영양적 효과 뿐만 아니라, 니아신 보완은 여러 건강 상태, 특히 높은 콜레스테롤 수치에 좋은 효과를 발휘한다.

결핍 징후와 증상

니아신과 트립토판의 심각한 결핍으로 인해 발생하는 펠라그라병은 세 가지 증상으로 나타난다. 염증과 치매 그리고 설사가 그것이다. 피부에는 갈라진 붉은색 염증이 생기고, 뇌는 제대로 기능하지

못해서 결국에는 정신 분열과 치매를 일으키고, 위장관 내 점막 형성 장애로 일어나게 되는 것이다.

결핍 질병

염증, 설사, 두통, 기억력 상실, 치매.

주요 효용

니아신은 콜레스테롤과 레이노 현상, 간헐성 파행증 치료에 주로 쓰여진다. 니아신아미드는 제 1타입 진성당뇨병과 관절염 치료에 이용되며 또한 뇌와 눈에 혈액 공급을 증가시켜 황반변성과 알츠하이머병을 예방한다.

상호 작용

니아신은 에너지 대사에서 다른 비타민 B군들과 복잡하게 얽혀 있다. 니아신은 다른 지질 저하제들과 결합해서 콜레스테롤이나 트리글리세리드를 저하시키는 그 약품의 효과를 더해주기도 한다.

영양 공급원: 달걀, 생선, 간, 유제품, 콩류, 살 고기, 견과류

안정성: 당뇨 환자와 간 질병 환자, 통풍이나 소화성 궤양 환자들은 이용지 않는 것이 좋다.

*1일 권장량은 15~20mg

(비타민 B5) 판토텐산과 판테틴

기능

판토텐산(Pantothenic acid) 즉 비타민 B5는 보조효소 A와 아실기 운반 단백질(ACP)의 형성에 이용된다. 이 두 화합물은 에너지 생산에서 지방과 탄수화물의 이용에 그리고 부신 호르몬과 적혈구의 생성에서 결정적인 역할을 한다. 보조효소 A와 아실기 운반 단백질(ACP)로서의 판토텐산은 에너지 생산에서 지방과 탄수화물의 이용에 유용한 효과를 발하며, 부신 호르몬과 적혈구 생성에도 도움을 준다. 판테틴은 동물의 성장과 건강에 필수적이며 콜레스테롤과 트리글리세리드 저하 활동을 한다.

결핍 징후와 증상

인간의 경우, 심각한 판토텐산 결핍은 '버닝 풋 증후군(burning foot syndrome)'으로 나타난다. 이 증후군에서는 발의 무감각과 욱신거리는 통증이 주로 나타난다. 아마도 판토텐산 결핍으로 인한 최초의 징후는 피로일 것이다. 건강한 사람도 낮은 양의 식이 판토텐산을 흡수하면 2달 이후에 피로와 무기력증을 일으킨다. 동물실험 결과 판토텐산이 부족하면 성장하지 못하고 피부에 장애가 생겨 털 색깔이 변한다.

주요 효용

판토텐산의 주요 효용은 부신 기능을 후원하고 류머티스성 관절염에 도움을 주며 피부염 예방에 있다. 반면, 판테틴은 콜레스테롤과 트리글리세리드 수치를 저하시키는 데 이용된다.

상호 작용

판토텐산은 지방산의 운반과 이용에 있어서 카르니틴과 보조효소 Q_{10}(코엔자임)과 함께 작용한다. 판토텐산과 다른 약품들과의 상호 작용으로는 알려진 바가 없다.

영양공급원

고기, 우유, 생선, 가금에 가장 많이 함유되어 있다. 이 외에 , 알곡류와 콩류, 고구마, 브로콜리, 꽃양배추, 오렌지, 딸기 등

안정성:어떤 부작용이나 역반응도 나타난 것이 없다.

*1일 권장량 4~7mg, 임신부 6mg, 수유부7mg,

 ## (비타민 B6) 피리독신

기능

비타민 B6(피리독신)은 신경 계통과 적혈구 그리고 프로스타글란딘 안에 있는 인체 단백질들과 구조적 화합물들, 화학적 전달 물질의 형성에 관계하는 아주 중요한 비타민이다. 비타민 B6는 세로토닌과

도파민을 증가 시켜 숙면을 취하게 하고 신경계에 영양을 공급해 주어 호르몬 균형과 적절한 면역 기능의 유지에도 중요한 역할을 한다.

영양 결핍 징후와 증상

비타민 B6 결핍은 울병과 경련(특히, 어린이들에게서), 포도당 내성결핍, 빈혈, 신경기능 장해, 입술과 혀가 갈라지는 증상 그리고 지루 또는 습진으로 나타난다.

극심한 비타민 B6 결핍증은 극히 드물다. 그러나, 수 많은 임상 연구들의 결과, 천식과 월경전 증후군(PMS), 완골관 증후군(carpal tunnel syndrome), 우울증, 입덧, 신장 결석을 포함해서 비타민 B6 보완에 반응하는 많은 질병들에 아주 중요하다는 것이 증명되었다.

주요 효용

인체는 60개 이상의 서로 다른 효소들이 제대로 기능할 수 있도록 하기 위해 비타민 B6를 필요로 한다. 비타민 B6는 모든 세포들의 증식에 결정적인 역할을 한다. 따라서, 비타민 B6는 건강한 임신과 면역 계통, 점막, 피부, 적혈구의 올바른 기능에도 아주 중요하다. 이 조직들은 급속하게 복제되는 세포들로 이루어져 있기 때문에, 평균 비타민B6 필요량보다 더 많은 양을 필요로한다.

비타민 B6는 또한 모든 아미노산 신경전달 물질들의 형성에 관여하기 때문에, 뇌의 화학 반응에도 중요한 역할을 한다. 또한 천식, 자폐증, 심혈관 질환, 당뇨병, 우울증, 간질, 신장 결석, 골다공증, 월경전 증후군, 면역 향상 등에 B6 보완을 가장 보편적으로 이용하고 있다.

상호 작용

리보플라빈과 마그네슘은 피리독신을 피리독살-5-인산염으로 변환시키는데 필요하다. 비타민 B6는 마그네슘, 아연과 중요한 상호 작용을 한다. 따라서, 비타민 B6 보완은 이들 필수 무기질들의 세포 내 농도를 증가시킬 것이다. 식염료와 특정한 약품들(이소니아지드, 히드라라진, 도파민, 페니실린), 내복 피임약, 알콜, 과도한 단백질 흡수량을 포함해서 많은 비타민 B6 길항질들이 있다. *길항: 기능, 작용, 효과가 반대되는 약물

영양 공급원: 곡류와 콩류, 바나나, 씨앗, 견과류, 감자, 꽃양배추. 시금치, 피망, 브로콜리

안정성: 과다 복용시 신경독성(발 쑤심, 근육 협조상실, 신경조직 변성)을 유발 시킬 수 있다. *1일 권장량 1.5mg

(비타민 B7) 비오틴(Biotin)

기능

비오틴은 지방질과 아미노산의 형성과 작용에 관련된 기능을 하는 비타민 B군 중의 하나이다. 비오틴이 없다면, 인체의 신진대사는 심

각한 장애를 겪을 것이다. 비오틴이 소화관 박테리아에 의해 장 내에서 형성되기 때문에, 과학자들은 비오틴에 대해 많은 논의를 해오지 않았다. 채식주의적인 식사 요법은 합성을 향상시키고 비오틴 흡수를 촉진시키는 것과 같은 식으로 장내균상을 바꾼다.

구체적으로, 비오틴은 포도당의 이용과 에너지 대사에서의 지방산의 분리와 이용, 아미노산 대사에서의 아미노기의 제거 그리고 세포성장과 복제에 관여한다.

영양 결핍 징후와 증상

성인들의 경우, 비오틴 결핍은 피부가 건조하고 낙설이 생기는 증상과 욕지기, 식욕결핍 그리고 지루로 나타난다. 6개월 미만 유아들의 경우, 결핍 증상은 지루성 피부염과 원형탈모증으로 나타난다. 실제로, 유아들에게서 지루성 피부염을 일으키는 저변의 요인은 비오틴 결핍인 것으로 판단된다. 애주가와 애연가들의 경우 요구량이 증가하게 된다.

주요 효용

비오틴은 피부를 건강하게 하고 손톱과 모발을 단단하고 건강하게 촉진시키며, 지루성 피부염과 당뇨병의 치료에 도움을 준다.

상호 작용

비오틴은 보조효소 Q10와 카르니틴은 물론 다른 비타민 B군과 상호 작용한다. 알콜은 비오틴의 흡수와 이용을 방해한다. 항생제들은 비오틴을 생산해내는 소화관 박테리아를 파괴하기 때문에, 비오틴 수치를 감소시킨다.

영양공급원: 치즈, 살고기, 콩, 꽃양배추, 달걀, 버섯, 견과류, 땅콩
안정성: 대단히 안전하기 때문에 부작용이 보고된 바가 없다.
*1일 권장량 성인 30~100㎍. 손톱과 모발 건강 1000~3000㎍.

 (비타민 B9) 폴산(엽산)

기능

엽산염으로도 알려져 있는 폴산은 많은 인체 작용속에서 비타민 B_{12}와 함께 기능한다. 폴산은 DNA 합성에도 필요하기 때문에, 세포 분열에서 아주 중요하다. 폴산이 없다면, 세포들은 제대로 분열되지 못할 것이다. 폴산은 또한 태아의 신경계 발달에도 중요하다. 임신 중의 폴산 결핍은 이분척추 같은 신경관 장애를 포함한 여러 가지 기형 출산과도 관련이 있다. 폴산 결핍은 또한 우울증과 아테롬성동맥경화증, 골다공증과도 관련이 있다.

결핍 징후와 증상

다양한 식품들에 폴산이 함유되어 있음에도 불구하고, 폴산 결핍

은 세계에서 가장 흔한 비타민 결핍증이다. 그 이유는 식품 선택 때문이다. 간을 제외한 동물성 식품들에는 폴산이 거의 들어있지 않다. 반면, 식물성 식품들에는 폴산이 풍부하게 함유되어 있지만, 사람들은 이를 그렇게 자주 섭취하지 않는다. 게다가, 알콜과 에스트로겐, 설파살라진, 바르비투르산염 같은 많은 조제 약품들은 폴산 대사를 방해하고, 폴산은 빛과 열에 극도로 민감해서 쉽게 파괴된다.

폴산이 결핍될 경우, 인체의 모든 세포들이 그 영향을 받는다. 그러나, 가장 큰 영향을 받는 것들은 바로 적혈구와 위장관과 생식관 세포들처럼 빠르게 분열되는 세포들이다. 그리고, 이들 세포들에 대한 영향은 성장 부진과 설사, 빈혈, 치은염, 여성들의 비정상적인 유두 손상를 유발시킨다.

이 외의 다른 증상들로는 우울증과 불면증, 신경의 이상감응, 건망증, 식욕 상실, 호흡이 가빠지는 것 등이 있다.

임신 초기에는 세포분화가 빠르고 신체기관들이 왕성하게 형성되기 때문에 DNA합성이 매우 활발하다. 이때 많은 엽산을 필요로 하는데, 부족시 중추신경계나 심장발달에 문제가 생길 수 있으며 구강형성에 장애나 염색체 이상, 유산을 초래할 가능성이 높아진다.

주요 효용

다음에 나오는 질병들의 경우, 폴산 결핍이나 보완이 하나의 요인 역할을 한다.

• 선천성 기형 예방 • 빈혈 • 여드름(좌창) • 아테롬성동맥경화증

- 암 • 칸디다증 • 구각미란(재발성) • 소아지방변증
- 경부형성 장애 • 변비 • 크론병 • 설사 • 간질 • 피로
- 통풍 • 간염 • 불임 • 골다공증 • 신경관 결함 • 파킨슨병
- 치근막질병 • 과로로 인한 다리 증후군 • 노쇠 • 궤양성대장염

상호 작용

폴산은 비타민 B12, SAM, 비타민 B6 그리고 콜린과 함께 작용한다. 내복 췌장 추출액은 폴산의 흡수를 감소시킬 수도 있다. 따라서, 이것들은 엽산염 보완기와 거리를 두고 투여해야 한다.

영양공급원: 케일과 시금치, 근대 잎 같은 녹색 잎채소, 콩류와 브로콜리, 오렌지, 뿌리 채소, 알곡, 동물의 간

안정성: 폴산은 내성이 좋다. 많은 양을 복용시 풍기 증가와 욕지기 식욕 상실을 유발할 수 있으며.간질 환자의 경우 발작이 증가할 수도 있다.   *1일 복용량은 400μg

(비타민 B12) 코발라민

기능

비타민 B12는 악성빈혈을 예방하는 간 내의 영양 인자로 확인되었다. 악성빈혈은 커다랗고 미숙한 적혈구들을 특징으로 하는 치명적인 타입의 빈혈이다.

비타민 B12는 DNA 합성과 적혈구 그리고, 신경 세포를 둘러싸고 있으면서 신경 세포를 통한 신호의 전도 속도를 가속화시키는 절연초(미엘린초)를 포함한 많은 인체 작용에서 폴산과 함께 작용한다. 식품 속에 들어있는 적은 양의 비타민 B12를 흡수하기 위해서, 위는 내인자를 분비한다. 이 내인자는 소장에서 비타민 B12의 흡수를 증가시키는 특별한 소화액이다.

폴산과 마찬가지로 비타민 B12는 '메틸기 수여자'로서 기능한다. 메틸기 수여자는 메틸기들을 세포막 구성물질과 신경 전달 물질들을 포함한 다른 분자들에게 운반해다 주는 화합물이다. 메틸기 수여자로서, 비타민 B12는 호모시스테인 대사에 관여하고, 적절한 에너지 대사와 면역 기능, 신경 기능에서 중요한 역할을 한다.

결핍 징후와 증상

다른 수용성 영양소들과는 달리, 비타민 B12는 간과 신장 그리고 다른 인체 조직 속에 저장된다. 그 결과, 비타민 B12 결핍의 징후와 증상은 빈약한 식이 흡수량이나 또는 내인자의 불충분한 분비가 지속된지 5, 6년은 지나야 드러난다. 비타민 B12 결핍의 전형적인 증상은 악성빈혈이다. 그러나, 비타민 B12 결핍은 실제로 뇌와 신경계에 가장 먼저 영향을 미친다.

비타민 B12 결핍은 신경 기능의 장애를 유발하고, 이 장애로 인해 무감각과 손발이 저려 따끔거리는 느낌, 화끈거리는 느낌이 생길 수 있다. 또한, 노인들의 경우에는 이 장애로 인해 알츠하이머병과 유사

한 (기억력과 인지기능 저하)를 일으킬 수 있다. 비타민 B12 결핍은 노인들에게서는 상당히 흔하게 나타나는 것으로 여겨지고 있다. 그리고, 노인들의 우울증을 일으키는 주요 원인이기도 하다.

빈혈과 신경계통 증상들 뿐만 아니라, 비타민 B12 결핍은 부드러우면서도 단단한 붉은 혀와 설사도 유발시킨다. 이런 증상들은 입과 위장관 전체의 안을 대고 있는 세포들과 같은 빠르게 복제되는 세포들이 비타민 B12가 없이는 복제할 수 없기 때문에 발생하는 것이다. 폴산과 비타민 B12 보완은 이 결핍 증상을 가려준다.

주요 효용

비타민 B12 보완은 에이즈와 노인들의 정신 기능 장애, 천식, 아황산염 민감성, 우울증, 당뇨성 신경병, 적은 정자의 수, 다발성경화증, 이명(귀울림)을 포함한 많은 질병들에 좋다.

상호 작용

비타민 B12와 폴산은 화학 작용에 복잡하게 연관되어 있다. 비타민 B12가 폴산을 재활성화시키는 작용을 하므로, 비타민 B12결핍은 폴산 수치가 최저 한계일 경우 폴산 결핍을 유발시킬 수 있다. 그러나, 높은 폴산 흡수량은 비타민 B12 결핍을 은폐시킬 수 있다. 폴산이 적혈구 내의 변화들은 방지하지만, 뇌에서의 결핍을 중화하지는 않기 때문이다.

비타민 B12는 멜리토닌 분비에도 영향을 미친다. 노인들의 멜라토닌 수치가 낮은 것은 아마 낮은 수치의 비타민 B12 때문일 것이다. 비타민 B12(매일 1.5밀리그램의 메틸코발라민)는 자고 일어나는 리듬의 장애를 치료하는 데 좋은 결과를 안겨 준다. 아마도, 비타민 B12가 멜라토닌 분비를 향상시키기 때문일 것이다.

영양공급원: 간, 계란, 유제품, 육류, 생선

안정성: 유독성에 대해 보고한 적이 없다.

*1일 권장량은 2.4.μg

 콜린(Choline)

기능

콜린은 중요한 신경전달물질인 아세틸콜린과 포스파티딜콜린(레시틴)과 스핀고미엘린(sphingomyelin) 같은 인체 세포의 주요 성분들의 생성에 필수적인 것이다. 콜린은 또한 지방의 대사에도 필요하다. 콜린이 없을 경우, 지방은 간 내에 걸려서, 그 곳에서 대사를 방해한다. 콜린이 비록 인체 내에서 아미노산 메티오닌이나 세린으로부터 생성될 수 있음에도 불구하고, 콜린은 최근에 필수 영양소로 지정되었다. 콜린은 간으로부터의 지방 추출 또는 리포트로픽 효과에 필요하다. 콜린 보완은 뇌 속의 아세틸콜린 축적을 증가시킨다. 아세틸콜린은 기억을 포함한 많은 뇌작용에 이용되는 중요한 화학물질이다. 따라서 아이의 기억력, 사고력, 창의력, 집중력을 높이기 위해서 충분한 콜린 섭취가 필요하다, 또한 콜린 보완을 통해 뇌의 아세틸콜린 함유량을 증가시키면, 특히, 알츠하이머병 환자들의 기억력이 향상된다는 증거가 있다.

결핍 징후와 증상

콜린이 결핍된 사람의 경우 간의 지방 침윤과 다른 간기능 장해 징후를 보인다는 것이 증명되었다. 콜린은 세포 배양시 인간의 세포에 필수적인 영양소이다. 이런 모든 사실들은 필수 영양소로서의 콜린의 역할을 뒷받침해 준다.

주요 효용

레시틴으로 하는 콜린 보완은 간 질환과 콜레스테롤 수치 상승, 알츠하이머병, 조울증 치료에 이용된다

상호 작용

콜린은 다른 메틸기 수여자들과 함께 작용하며, 인체가 카르니틴과 폴산을 보존시킬 수 있도록 도와준다.

영양공급원: 곡류와 콩류, 달걀 노른자속에 레시틴의 형태로 들어 있고, 채소류(특히, 꽃양배추와 상치)와 알곡, 간, 콩 속에는 유리 콜린의 형태로 들어 있다

안정성: 과다 복용시 식욕 감소, 복부팽만, 위장관 통증, 설사 등을

유발할 수 있다. 우울증 환자는 의사 지시가 없이는 복용을 금한다. 우울증을 더 악화 시킬 수 있기 때문이다.

　*1일 권장량: 간질환 치료 350~500mg.

　　　　　　　　콜레스테롤 저하 500~900 mg.

　　　　　　　　알츠하이머와 조울증 치료 5000~10000mg

 ## 이노시톨(Inositol)

기능

이노시톨(Inositol)은 '비공식적인' 비타민 B군들 중의 하나이며, 콜린과 아주 밀접하게 기능한다. 이노시톨 역시 세포막의 주요 성분이며, 세포막 내에 포스파티딜리노시톨보 손재한다. 이노시톨이 비록 인간의 식이에 필수적인 것은 아니지만, 몇 가지 유용한 효과들을 발휘한다. 간질환과 우울증, 당뇨병의 경우에 특히 좋다.

　또한 이시톨은 피틴산 성분으로 존재하는데 신경과 뇌, 근육의 기능에도 필요하며 항암효과를 보여 준다. 고섬유 식이로 그렇게 많은 암들을 예방할 수 있는 중요한 이유들 중의 하나는 바로 이 피틴산 때문일 것이다.

결핍 징후와 증상

　불안 증세와 알코올 중독, 심장 및 간질환 증세.

주요 효용

이노시톨은 주로 간질환과 우울증, 공황 장애, 당뇨병 치료에 이용된다. 또한 발육 촉진과 동맥경화 예방에도 쓰인다

상호 작용

이노시톨은 다른 메틸기 수여자들과 함께 작용한다. 다른 상호 작용으로는 알려진 것이 없다.

영양공급원:동물성 식품들 속에 들어 있는 미오 이노시톨, 귤류에 속하는 과일들과, 알곡, 견과류, 씨앗류, 콩류

안정성: 부작용 발생 보고 없음.

*1일 권장량은 간보호를 위해 100~500mg. 우울증이나 공황장해 1200mg. 당뇨병 치료에 1000~2000mg

 비타민 C

기능

비타민 C의 주요한 기능은 인체의 주요한 단백질 물질인 콜라겐을 형성하는 것이다. 콜라겐은 인체를 연결해 주는 조직(피부, 근육, 뼈, 힘줄 등의 결합조직, 연골, 근 등등)에 아주 중요한 단백질이기 때문에, 비타민 C는 상처의 치료와 건강한 잇몸, 쉽게 멍이 드는 것을 예방하는 데에 필수적이다. 콜라겐 대사에서의 역할뿐만 아니라,

비타민 C는 면역 기능과 몇몇 신경 전달 물질과 호르몬의 형성, 카르니틴 합성, 다른 영양 인자들의 흡수와 이용에 아주 중요하다. 비타민 C는 아주 중요한 산화 방지 영양소이기도 하다.

결핍 징후와 증상

거의 모든 다른 동물들이 비타민 C를 스스로 생성해낼 수 있는 반면, 인간에게는 이런 사치스런 능력이 없다. 유사 이래, 인간은 괴혈병이라는 비타민 C 결핍증으로 고통을 받아 왔다. 괴혈병의 전형적인 증상으로는 잇몸 출혈과 더딘 상처 치유, 넓은 부분에 멍이 드는 증상이 있다. 이러한 증상들 뿐만 아니라, 감염에 대한 민감성과 히스테리, 우울증, 피로감도 대표적인 증상들이다.

고대 이집트와 그리스, 로마 시대에는 많은 사람들이 괴혈병에 걸렸다. 전쟁과 장기간의 대양 항해 중에 제공되는 배급 식량 속에는 충분한 양의 비타민 C가 함유되어 있는 경우가 거의 없었기 때문이다.

주요 효용

수많은 실험적 임상적 집단 연구들 결과, 비타민 C의 흡수가 다양한 방식으로 인체를 이롭게 한다는 사실이 증명되었다. 암 발생률의 감소를 포함해서, 면역력과 상처 치유력을 향상시키며, 오염 물질과 흡연으로부터 인체를 보호해 주고, 기대 수명을 증가시키고, 백내장의 발생 위험을 감소시켜 주고 멜라닌색소 생성을 억제하여 기미 주

근깨를 방지하고 .해독 작용과, 장내 젖산균 증식, 항바이러스, 항알레르기, 스트레스해소, 노화방지, 숙취해소, 성인병 등 비타민 C가 갖고 있는 산화 방지 특성과 면역력 향상 특성으로 인해, 비타민 C가 여러 가지 질병에 유용하다는 사실이 연구를 통해 입증되었다. 비타민 C 섭취로 도움을 받을 수 있는 주요 질병들 중의 몇 가지를 보면 다음과 같다.

- 당뇨 • 고혈압 • 암 • 상처치유 • 녹내장 • 간염
- 혈관 보호 • 자기면역질병 • 동맥경화증 • 천식 • 감염
- 관상동맥 질병 • 말초 혈관 질병 • 모세혈관 파열성
- 습진 • 피로 • 소화성 궤양 • 폐렴 • 피부궤양 및 보호
- 담낭 질병 • 치은염 • 단순포진 • 대상포진 • 불임 • 폐경
- 다발성 경화증 • 칸디다증 • 경부 형성장애 • 크론병
- 백내장 • 감기 • 파킨슨병 • 치근막 질병 • 자가전증
- 류머티스성 관절염 • 골관절염 • 담마진 • 흑점 변성

상호 작용

비타민 C는 다른 산화 방지 영양소들 특히, 비타민 E와 세레늄, 베타 카로틴과 복잡하게 연관되어 있다. 어떤 하나의 영양소(일례로, 비타민 C 하나)만을 복용하는 것보다는 복합 산화 방지제를 복용하는 것이 훨씬 많은 도움이 될 것이다. 일례로, 어떤 연구 결과, 실험용 햄스터들의 구강암 진전 예방에 있어, 베타 카로틴과 비타민 E, 글루타티온 그리고 비타민 C의 혼합물을 복용하는 것이 이들 중 어

느 하나의 영양소만을 개별적으로 복용하는 것보다 훨씬 더 효과적이라는 것이 증명되었다. 이런 항암 효과들은 단순히 부가적인 것은 아니었다. 실제적인 상승 작용도 나타난 것이다.

영양 공급원

거의 모든 사람들은 감귤나무속 과일들을 비타민 C의 가장 좋은 공급원으로 생각하고 있다. 그러나, 채소들 속에도 높은 수치의 비타민 C가 함유되어 있다. 특히, 브로콜리와 고추, 감자, 양배추, 아세로라,구아바, 케일 잎, 순무 잎, 피망 등에 많이 함유되어 있다.

비타민 C는 공기에 노출되면 파괴되므로, 가능한 한 빨리 날 것 그대로 섭취하는 것이 중요하다. 일례로, 신선하게 자른 오이를 그대로 두면, 처음 3시간 이내에 비타민 C 함유량의 41%~49%가 손실된다. 또한, 자른 캔터로프(멜론의 일종)를 덮지 않은 채 냉장고에 넣어두면, 24 시간도 채 안돼 비타민 C 함유량의 35%가 손실된다.

안정성: 거의 모든 사람에게 안전하다. 유독 증상으로는 설사와 장의 팽만감 가스 등이다. 인간이 필요로하는 비타민 C의 양이 얼마나 되는가에 대한 논란은 아직도 계속되고 있다.노벨 상을 두 번이나 수상한 바 있는 리너스 파울링과 그의 추종자들은 하루 2~9그램 사이의 흡수량이 적당하며, 스트레스를 받거나 병이 들었을 때에는 이 보다 훨씬 많은 양을 흡수해야 한다고 권하고 있다.

필자의 생각으로는, 일반적인 사람과 임산부들의 경우, 산화 방지

보호 효과와 건강 증진 효과를 위해서는 하루 500밀리그램의 복용량이면 충분하다고 생각한다. 그러나, 많은 양의 비타민 C 치료 요법이 필요한 경우들이 있다. 당뇨병의 경우가 특히 그렇고, 백내장과 녹내장, 감기를 포함한 감염성 질병들, 암, 파킨슨병 그리고 이 외의 많은 질병들이 그렇다. 이와 같은 질병들의 경우, 최저 1,000밀리그램에서 최고 설사를 일으킬 정도의 복용량이 적당하다고 본다.

필자는 여러분에게 비타민 C의 전체 필요량을 비타민 보충제에만 의지해서는 안된다는 것을 강조하고 싶다. 비타민 C 함유량이 높은 식품들 속에는 후라보노이드와 카로틴 같은 화합물들도 풍부하게 들어 있다. 이 화합물들은 그들 나름의 유용한 효과를 발휘할 뿐만 아니라, 비타민 C의 효과를 향상시키기도 한다.

(참고 : 세계 보건기구 일일 권장량은 60~100mg.)

 ## 비타민 D

기능

우리의 몸은 피부에 와 닿는 태양 광선의 활동에 의해 비타민 D를 만들어 낼 수 있다. 때문에, 많은 전문가들은 비타민 D를 비타민이라기보다는 호르몬으로 간주하기도 한다. 그렇지만, 현재의 정의에 따르면, 비타민 D는 비타민이기도 하고 호르몬이기도 하다.

비타민 D는 칼슘의 흡수를 자극하는 능력을 갖고 있는 것으로 잘 알려져 있다. 비타민 D는 또한 유방암과 결장암에 대항해서 특히 많은 항암 특성들을 발휘한다. 햇볕량이 아주 적은 지역에 사는 사람들에게서는 결장암과 유방암 빈도가 더 높게 나타나는 이유이다.

결핍 징후와 증상

비타민 D가 결핍되면, 어린이들에서는 구루병이 성인들에게서는 골연화증이 발생한다. 뼈의 세포간질을 석회질화하지 못하게 만드는 특징을 갖고 있는 구루병은 두개골 뼈를 연화시키고, 다리와 등뼈를 휘게 만들며, 관절 크기를 증가시킨다. 한때 흔했던 이 병은 지금은 거의 발생하지 않고 있다.

오늘날, 비타민 D 결핍은 햇볕을 전혀 받지 못하는 요양소의 노인들이나 대부분 실내에서 많이 활동하는 사람들에서 흔히 나타난다. 비티민 D 길핍은 뼈의 힘과 밀도를 부족하게 만들고, 관절통을 유발시키며 어린이 성장에 장애를 준다.

상호 작용

비타민 D는 칼슘 대사에 복잡하게 관여하고 있다. 콜레스티라민(cholestyramine), 딜란틴(Dilantin), 페노바르비탈(phenobarbital), 광유(minerul oil) 모두 비타민 D의 흡수와 대사 또는 둘 중의 하나를 방해한다.

영양 공급원

비타민 D의 주요한 영양물 형태에는 두 가지가 있다. 비타민

D_2(에르고칼시페롤)와 비타민 D_3(콜레칼시페롤)가 그것이다. 우유를 포함한 다른 식품들에 가장 자주 첨가되는 형태인 비타민 D_2는 영양 보완에서 가장 많이 이용되는 형태이기도 하다. 비타민 D의 좋은 영양 공급원으로는 간유와 한류성 어류(고등어와 연어, 청어 등등), 버터, 달걀 노른자 등이 있다. 채소에는 비타민 D가 적게 함유되어 있다. 그러나, 짙은 녹색의 잎채소들은 비타민 D의 가장 좋은 영양 공급원이다.

안정성

비타민 D는 모든 비타민들 중에서 유독성을 일으킬 가능성을 가장 많이 갖고 있다. 하루 1,000 I.U. 이상의 복용량은 확실히 바람직하지 않다. 혈중 칼슘 농도의 증가(잠재적으로 심각한 상황임)와 내부 기관 속으로의 칼슘 침전, 신장 결석은 비타민 D 유독성의 특징들이다.

대부분의 연구자들은 강화 식품들을 통해 장기간에 걸쳐 비타민 D를 과잉 섭취하면, 마그네슘 흡수 감소의 결과 아테롬성동맥경화증과 심장병에 걸릴 수 있다고 주장하고 있다.

복용량 범위

비타민 D의 영양 권장량은 하루 200~400 I.U.이다. 햇볕을 받지 못하는 노인들이나 위도 북부 지역에 사는 사람들에게는, 매일 400~800 I.U.의 흡수량이 필요하다. 대부분의 성인들과 어린이, 청소년들의 경우, 하루 400 I.U. 보다 많은 양을 섭취하는 것은 바람직하지 않다.

 ## 비타민 E

기능

토코페롤이라고도 불리는 비타민 E는 인체 내에서 으뜸가는 '지질상' 산화 방지제이다. 비타민 E는 실제로 세포막과 운반 분자의 지질(지방질) 부분 안으로 섞여들어가서, 납과 수은이나 다른 중금속 같은 화합물질들과 벤젠과 4염화탄소, 세제 같은 유독성 화합물, 약품, 방사선 그리고 인체의 유리기 대사물질로부터 이 조직들을 견고하게 보호해 주는 활동을 한다. 비타민 E의 산화 방지 효과 덕택에, 비타민 E 보완이나 식품을 통한 많은 양의 비타민 E 섭취는 많은 질병으로부터의 보호 효과를 준다.

비타민 E는 면역 기능에도 중요하다. 비타민 E는 흉선샘과 순환하는 백혈구들의 손상을 막아줄 뿐만 아니라, 산화 스트레스(oxidative stress)와 에이즈, 만성 간염 같은 만성 바이러스성 질병에 걸려 있는 동안, 면역 체계를 손상시키지 않고 보호해 주는 매우 중요한 역할을 한다.

결핍 징후와 증상

비타민 E는 주로 세포막에 대한 손상을 막아 주는 산화 방지제의 기능을 한다. 따라서, 비타민 E가 없다면, 인체의 세포들은 많은 손상을 받게 될 것이다. 신경 세포의 경우에는 특히 더 그렇다. 증상으로는 근육 쇠약, 유아의 발목, 복부, 얼굴 부음, 미숙아 빈혈 등이 있다. 심각한 비타민 E 결핍은 아주 드물다. 그러나, 다음의 네 가지 질병들에서는 비타민 E 수치가 흔히 낮게 나타난다.

- 소아지방변증과 낭포성 섬유증, 위절제 후의 증후군과 같은 지방질 흡수 불량증 • 조산아 • 혈색 투석
- 겸상적혈구병과 지중해 빈혈과 같은 적혈구 유전병

주요 효용

비타민 E의 주요 효용은 생명을 앗아가는 주요한 세 가지 질병인 심장병과 암, 뇌졸중 등 성인병 예방과 치료, 노화 방지를 위한 산화 방지제로 작용한다. 이뿐만 아니라, 비타민 E 보완은 다른 많은 질병들을 치료하는 데에도 큰 도움이 된다. 특히, 심장 혈관의 질병과 당뇨병, 유방섬유낭성 질환, 폐경기 증후군, 습관성 자연유산, 만발성 운동 상해에 도움이 된다.

필자는 파킨슨병의 치료와 임신 중 양막의 조기 파열 예방, 관절염 치료와 같은 비타민 E의 몇 가지 다른 사용에 대해서 다른 곳에서 깊이 있게 다루어 놓았다. 아래는 비타민 E 보완이 흔히 이용되고 있는 광범위한 질병들의 목록이다.

- 좌창 • 에이즈 • 알콜에 의한 간염 • 알레르기 • 빈혈
- 앙기나(Angina) • 부정맥(Arrhythmias) • 아테롬성동맥경화

- 자기면역질환 • 암 • 모세혈관파열성 • 백내장 • 간염
- 경부형성장애 • 당뇨병 • 월경곤란증 • 습진 • 간질 • 담석
- 단순포진 • 대상포진 • 면역저하 • 감염 • 염증 • 폐경
- 간헐성파행증 • 낭창 • 황반부 변성 • 다발성 경화증 • 창상 치유
- 근병(Myopathy) • 신경통 • 신경근육 변성 • 골관절염
- 파킨슨병 • 소화성 궤양 • 치근막 질환 • 말초 혈관 질환
- 임신 • 월경전 증후군 • 레이노병 • 류머티스성 관절염
- 공피증 • 지루성 피부염 • 피부 궤양 • 궤양성 대장염

상호 작용

비타민 E는 다른 산화 방지 영양소들 특히, 비타민 C와 세레늄과 광범위한 상호 작용을 한다. 비타민 E는 또한 비타민 A의 효용을 높여주며, 비타민 B12를 가장 활성적인 형태로 전환시켜주는데 필요하고, 필수지방산의 손상을 막아 준다.

비타민 E는 코마딘(Comadin)과 워파린(Warfarin) 같은 항응혈성 약품의 효력을 더해주며, 비타민 K의 항응혈 기능을 증대시킨다. 또한 아스피린에 의한 혈소판 응집 억제도 증가시킨다.

공급원 : 고도불포화지방산의 수치가 높은 식품에서는 비타민 E의 수치도 높게 나타나는데 비타민 E의 가장 좋은 공급원으로는 고도불포화 식물성 기름과 종자, 견과류, 곡류가 있다. 식품을 조리하거나 가공하면, 비타민 E 함유량이 감소된다. 밀가루의 경우가 특히 그렇

다. 좋은 공급원으로는 밀의 맥아유, 땅콩, 콩류, 딸기류, 녹색 잎채소, 아보카도, 아몬드, 해바라기 씨, 토마토가 있다.

안전성: 비타민E의 보완은 안전하다.

*1일 권장량은 10mg

비타민 K

기능

비타민K는 혈액응고와 관계되는 단백질을 합성는 혈액응고 작용을 한다. 그러나, 최근의 연구 결과, 비타민 K가 건강한 뼈대를 형성하는 데에도 필요하며, 골다공증의 치료와 예방에도 역할을 한다는 것이 밝혀졌다. 비타민 K에는 세 가지 주요한 형태들이 있다. 식물 속에서 채취할 수 있는 천연 비타민 K인 비타민 K1(필로키논)과 창자 속에 있는 박테리아에서 파생되는 비타민 K2(메나키톤) 그리고 합성 유도체인 비타민 K3(메나디온)이 그 형태들이다.

결핍 징후와 증상

창자 박테리아가 비타민 K2를 만들어 낼 수 있으므로, 비타민 K의 결핍 징후와 증상은 거의 일어나지 않는다. 비타민 K 결핍증이 나타났을 때(멍이 쉽게 들거나 모세혈관이 파열되어 보이는 현상), 이는 대개 코마딘(Comadin)과 워파린(Warfarin) 같은 항응혈제나 항생제를 오랫동안 복용한 결과이다.

신생아들에겐 아직 창자 박테리아가 없어서, 비타민 K 결핍에 특히 걸리기 쉽다. 따라서, 신생아들의 출혈성 질병을 예방하기 위해, 종종 비타민 K를 근육 내로 주사한다. 또 다른 대안적인 치료 요법은 임신 중에는 엄마에게 비타민 K1을 복용시키고, 출산 후에는 신생아에게 비타민 K1을 내복시키는 것이다.

주요 효용

비타민 K1과 지용성 클로로필 보충제는 골다공증과 과도한 월경 출혈, 신생아의 출혈성 질병 예방과 치료에 이용된다.

상호 작용

비타민 K의 투여는 워피린과 코마딘(Comadin) 같은 약품의 항응혈 작용을 중화한다. 이 약품들은 비타민 K의 프로트롬빈 활성화를 방해함으로써, 응혈 형성을 억제하는 것들이다. 아스피린과 몇몇 항생제, 딜란틴(Dilantin) 그리고 많은 양의 비타민 E 복용(예를 들어, 600I.U. 보다 많은 양)도 비타민 K 활성을 방해한다.

공급원: 짙은 녹색 잎채소들과 브로콜리, 상치, 캐비지, 시금치, 녹차, 그리고 아스파라거스와 귀리, 통밀, 완두콩 등

안전성: 비타민K의 과잉섭취는 기준수치 이상의 혈액응고를 가져와 두뇌손상을 가져올 수 있다.

*1일권장량은 70~140㎍이다

제3부

무기질(미네랄)

　인간의 영양에 중요한 무기질들은 최소한 18가지가 있다. 비타민과 함께, 무기질은 인체 효소들의 구성 성분으로 기능한다. 우리의 인체는 뼈와 혈액의 올바른 구성과 정상적인 세포 기능 유지를 위해 무기질을 필요로 한다. 무기질은 주요 무기질(major mineral)과 미량 무기질(minor mineral) 두 개의 범주로 분류할 수 있다. 일일 기준으로 볼 때, 우리의 인체는 100밀리그램 이상의 주요 무기질과 100밀리그램 이하의 미량 무기질을 필요로 한다. 주요 무기질에는 칼슘과 인, 포타슘, 나트륨, 염소, 마그네슘, 황이 있고, 미량 무기질(minor 또는 trace mineral)에는 붕소와 구리, 크롬, 요오드, 철, 망간, 몰리브덴, 셀레늄, 실리콘, 바나듐, 아연이 있다.

◉ 칼슘(Calcium)
기능

칼슘은 인체 내에서 가장 풍부한 무기질이다. 총 몸무게의 약 1.5~2%는 칼슘으로 되어 있는데, 인체 칼슘 량의 99%는 뼈에 들어 있다. 뼈와 치아를 구성하고 유지시키는 주요한 역할뿐만 아니라, 칼슘은 인체 효소 활동의 많은 부분에서도 중요한 역할을 한다. 근육의 수축과 신경 전달 물질의 방출, 심장 박동의 조절, 혈액 응고 작용에 관여한다.

결핍 징후와 증상

어린이들의 경우, 칼슘 결핍은 구루병을 유발시킬 수 있다. 이 구루병은 뼈이 기형과 성장 부전을 초래하는 섯이다. 성인들의 경우, 칼슘 결핍은 골연화증을 유발할 수 있다. 그리고, 극단적으로 낮은 혈중 칼슘 수치는 근육 경직과 다리의 경련을 유발할 수 있다. 또한 낮은 칼슘 수치는 고혈압과 골다공증, 결장암의 원인이 될 수도 있다.

주요 효용

칼슘은 주로 골다공증과 고혈압, 임신 중독증의 치료에 이용되며 결장암에 대한 보호 인지 역할을 한다.

상호 작용

칼슘은 많은 영양소들 특히, 비타민 D와 비타민 K 그리고 마그네숨과 상호작용 한다. 많은 양의 마그네슘과 아연, 섬유, 수산염 복용은 칼슘 흡수에 부정적인 양향을 미친다. 그리고, 카페인과 알콜, 인, 단백질, 나트륨, 설탕은 칼슘 배설을 증가시킨다. 알루미늄을 함유하고 있는 제산제는 궁극적으로 파골과 칼슘 배설을 유발시킨다.

안정성: 2000mg이상시 신장결석과 연조직석회화 가능성이 있다.
영양공급원:우유 및 유제품, 멸치. 생선류, 소뼈, 콩류, 케일, 해조류, 녹색 채소류,
*1일 영양 권장량은 성인700mg 사춘기 이전 성장기 1200mg

⊙ 마그네슘(Magnesium)
기능

마그네슘은 칼륨 다음으로 체세포 내에 많이 농축되어 있다. 마그네슘의 주요 기능은 효소 활성화이다. 인체 내 마그네슘의 약 60%는 뼈 안에, 26%는 근육 내에, 그 나머지는 연조직과 체액 속에 있다. 그러나, 마그네슘 농도가 가장 높은 조직들은 대사가 가장 활발하게 이루어지는 조직들 – 뇌, 심장, 간, 신장 – 이다. 따라서, 마그네슘은 에너지 생산에서 아주 중요한 역할을 한다. 칼슘 보완이 가장 비중있게 다루어지고 있지만, 많은 사람들에게 마그네슘 보완이 훨씬 더 중요할 수도 있다.

마그네슘은 에너지 생산과 단백질 형성, 세포 복제를 포함한 많은

세포의 기능에 아주 중요하다. 마그네슘은 인체 내에서 30개 이상의 효소 반응에 관여한다. 특히, 에너지 생산(예를 들어, ATP 생산)을 하는 작용들에 관여한다. 마그네슘은 또한 나트륨과 칼륨 펌프의 활성화에도 필요하다. 이 활동은 나트륨을 세포로부터 뽑아내고 칼륨은 세포 안으로 몰아넣는 것이다. 따라서, 마그네슘이 결핍되면, 세포 내의 칼륨도 감소한다. 세포 내 마그네슘과 칼륨 수치가 낮아지면, 그 결과로 세포의 기능은 심각하게 방해를 받는다.

결핍 징후와 증상

미국에서는 마그네슘 결핍이 아주 흔하게 일어나고 있으며 노인들과 폐경기 이후 여성들에게 특히 많다. 마그네슘 결핍은 종종 높은 칼슘 흡수량과 알콜, 수술, 이뇨제, 간 질환, 신장 질환, 내복 피임약 같이 마그네슘의 흡수를 감소시키거나 배설을 증가시키는 요인들에 버금가는 것이다.

낮은 수치의 식이 마그네슘과 체내 마그네슘은 심장병과 고혈압, 신장 결석, 암, 불면증, 월경전 증후군(PMS), 월경성 경직을 포함한 다양한 질병에 더 걸리기 쉽게 만든다. 마그네슘 결핍의 징후와 증상들로는 피로와 정식 착란, 신경의 이상 감응, 섬약, 심장 장해, 신경 전도와 근육 수축의 문제, 근육 경직, 식욕 상실, 불면증, 스트레스 민감성 등이 있다.

주요 효용

마그네슘은 칼슘이 심장혈관의 평활근 세포들과 심장근육 세포들로 들어가는 입구를 봉쇄해버리기 때문에, '자연의 칼슘 채널 봉쇄자 (nature's calcium channel-blocker)'로 불려 왔다. 따라서, 마그네슘 보완은 혈관의 저항을 감소시키고, 혈압을 저하시켜서 심장 기능이 보다 효율적으로 이루어지도록 하는데 도움을 줄 수 있다. 마그네슘은 또한 부갑상선호르몬과 칼시토닌을 포함한 여러 호르몬들에 대한 활동을 통해 적절한 칼슘 대사 조절에 도움을 준다.

마그네슘 보완으로 도움을 얻을 수 있는 몇몇 질병들은 다음과 같다.

- 천식과 만성 폐색성 폐질환 • 심장 혈관 질환
- 급성 심근경색증 • 앙기나 • 심장부정맥 • 심장근병
- 울혈성 심장마비 • 고혈압 • 간헐성 파행증
- 낮은 HDL 콜레스테롤 수치 • 승모판 탈출 • 뇌졸중
- 당뇨병 • 호산구증다증 근통증 • 피로 • 섬유근통증
- 녹내장 • 청각 상실 • 신장 결석 • 편두통 • 골다공증
- 임신 (중독증, 조산, 다른 합병증들)
- 월경전 증후군과 월경곤란증

상호 작용

마그네슘과 칼슘, 칼륨 그리고 다른 무기질들은 광범위한 상호 작용을 한다. 그리고, 다른 무기질들의 복용은 마그네슘의 흡수량을 감소시키며, 그 반대의 경우도 마찬가지이다. 비타민 B6는 많은 효소

계에서 마그네슘과 함께 작용하고, 세포 내 마그네슘 축적을 증가시킨다. 그러나, 많은 양의 칼슘과 비타민 D 강화 낙농 제품들은 마그네슘 흡수를 감소시킨다. 마그네슘 상태에 해로운 영향을 미치는 약품들이 많이 있는데, 대부분의 이뇨제들과 인슐린, 디기탈리스가 특히 그런 약품들이다.

안정성: 신장질환 심장병환자는 의사 지시에 따름.설사 유발

영양공급원: 콩류, 견과류, 알곡, 녹색 잎채소,생선과 우유, 육류,

*1일 권장량 몸무게1kg당 6mg

◉ 칼륨(Potassium)
기능

칼륨은 아주 중요한 전해질로서 다음 것들을 유지시켜 주는 기능을 한다.

- 수분의 균형과 배분 • 산(acid)을 기초로한 균형
- 근육과 신경 세포 기능 • 심장 기능 • 신장과 부신 기능

가장 중요한 식이 전해질은 칼륨이다. 전해질로서 기능할 뿐만아니라, 칼륨은 혈당을 근육과 간 내의 혈당 저장 형태인 글리코겐으로 전환시키는데 필수적이다. 따라서, 칼륨이 부족하면, 저장된 글리코겐의 수치도 낮아진다. 운동을 할 때 근육은 에너지를 위해 글리코겐을 이용하기 때문에, 칼륨 결핍은 대단한 피로와 섬약증을 유발시킨다.

결핍 징후와 증상

칼륨 결핍은 근육 약화와 피로, 정신 착란, 신경의 이상감은, 섬약증, 심장 장애, 신경 전도와 근육 수축의 문제로 나타난다. 과일과 채소를 적게 먹고 나트륨이 많이 들어있는 식품을 섭취하는 것은 식이 칼륨 결핍의 대표적인 원인이다. 이 식이 칼륨 결핍은 노인들에게서 흔히 나타난다. 그러나, 식이 칼륨 결핍은 과도한 유체 손실이나(땀, 설사나 소변)이뇨제와 완화제, 아스피린을 포함한 다른 약품들의 사용으로 인한 결핍보다는 덜 흔한 편이다.

땀을 통해 손실되는 칼륨의 양은 상당하다. 특히, 더운 환경 속에서 오랫동안 운동을 하는 경우에 그렇다. 운동 선수들이나 규칙적으로 운동을 하는 사람들에게는 칼륨이 더 많이 필요하다. 하루에 땀을 통해 칼륨이 3그램까지 손실되기 때문에, 이러한 사람들은 매일 최소한 4그램의 칼륨을 흡수해야 한다.

주요 효용

칼륨 보완은 칼륨 결핍과 고혈압에 주로 이용된다.

안정성 문제

대부분의 사람들은 칼륨 과다를 조절할 수 있는 능력이 있다. 그러나, 신장 질환을 앓고 있는 사람들은 예외이다. 이들은 정상적인 방식으로 칼륨을 조절할 수 없기 때문에, 심장 질환과 칼륨 중독으로 인한 다른 질환들을 겪게 될 수도 있다. 신장 질환이 있는 사람들은 칼륨 흡수량을 제한하고, 음식 섭취에 대한 담당 의사의 권고를 따라야 한다.

상호 작용

칼륨은 많은 인체 조직들 속에서 마그네슘과 상호작용 한다. 디기탈리스나 칼슘 절약형 이뇨제, 안지오텐신(angiotensin) 변환 효소 저해형의 혈압 저하제을 포함한 많은 조제약을 사용할 때에는, 의사의 처방이 없을 경우, 칼륨 보완을 하지 말아야 한다.

영양공급원: 양파, 당근, 미나리, 토마토, 김, 바나나, 키위, 호박, 양송이, 시금치, 상추, 부추, 흑미, 현미, 녹두, 팥, 고구마, 감자, 땅콩 *1일 권장량은 1.9~5.6그램

⊙ 아연(Zinc)
기능

아연은 모든 체세포들 안에 있으며, 200개가 넘는 효소들의 구성성분이다. 실제로, 아연은 효소 반응에서 다른 어떤 무기질 보다도 많은 기능을 한다. 아연은 또한 갑상선 호르몬과 인슐린 성장 호르몬, 성호르몬을 포함한 많은 인체 호르몬들의 적절한 활동에도 필요하다. 보통 성인의 인체에는 총 1.4~2.5그램의 아연이 들어 있는데, 주로 근육 내에 저장되어 있으며(총 65%), 적혈구와 백혈구 내에도

높게 농축되어 있다. 아연 농도가 높은 다른 조직들로는 뼈와 피부, 신장, 간, 췌장, 망막, 전립선이 있다. 성인의 아연 영양 권장량은 하루 15밀리그램이다.

면역 계통의 적절한 기능을 위해서는 조직 내 아연의 수치가 충분해야 한다. 아연 결핍은 감염에 대한 취약성을 증가시킨다. 아연은 단백질 합성과 세포 성장에도 필요하기 때문에, 상처를 치유하는 데에도 자연히 필요하게 된다. 아연을 보완하면 상처 치유 시간이 감소한다. 그러나, 아연이 결핍되어 있으면, 상처가 더 오랜 동안 지속된다. 높은 아연 흡수량은 어떤 종류든 외상(화상, 수술, 부상 등등) 뒤의 단백질 합성과 세포 성장을 도와 준다.

아연은 시력과 미각, 후각의 유지에도 필수적이다. 아연 결핍은 이런 특별한 감각들의 기능 장애를 유발한다. 야맹증도 흔히 아연 결핍으로 인해 발생한다. 미각과 후각 또는 둘 중의 어느 하나의 상실은 노인들에게서 흔히 나타나는 병이다. 그러나, 어떤 사람들의 경우, 아연을 보완하면, 미각과 후각 또는 둘 중의 어느 한 감각의 예민함이 향상된다.

아연의 건강한 남성 성호르몬과 전립선 기능에도 필수적이다. 아연 결핍은 높은 비율의 전립선 확장과 남성 불임을(아연이 결핍되면, 정자 수가 감소한다). 유발시키는 하나의 요인일 수도 있다.

정상적인 피부 기능에 대한 아연의 중요성도 잘 알려져 있다. 혈청 내 아연 수치는 다른 어떤 연령층에서 보다도 13~14세 남성들에게서 가장 낮게 나타난다. 그리 놀라운 사실도 아닌데, 그 이유는 좌창에 가장 잘 걸리기 쉬운 사람들이 바로 이 연령층이기 때문이다.

결핍 징후와 증상

중증의 아연 결핍은 흔하지는 않지만, 피부 변화와 설사, 탈모, 정신 장애, 면역 기능의 장애로 인한 재발성 감염들로 나타난다. 선진국에서는 중증의 아연 결핍이 거의 발생하지 않지만, 많은 미국 사람들 특히, 노인들은 최저 아연 결핍증을 안고 있다. 조사 자료들을 보면, 평균 아연 흡수량이 아연 영양 권장량의 47~67%밖에 이르지 않는다고 한다.

아연 결핍과 관련이 있는 임상학적 질병들로는 다음과 같은 것들이 있다.

- 잦은 그리고/또는 중증의 감염 • 수면과 행동 장애
- 상처 치유 기간의 지체 • 정신병 • 염증성 장질환
- 글루코스 내성 장애 • 흡수 불량 증후군 • 식욕 결핍
- 발육부전 • 후각과 미각 상실 • 성적 성숙 지체
- 야맹증 • 발기부전, 불임 • 모든 피부 질환들 • 월경 이상
- 비듬과 탈모 • 알콜 남용 • 연결 조직의 질병 • 이뇨제 사용
- 류머티스성 관절염

주요 효용

아연은 아주 많은 곳에 이용된다. 그러나, 아연 결핍과 임신, 면역 기능, 남성의 성기능, 류머티스성 관절염, 염증성 질환들, 좌창, 황반

부 변성, 알츠하이머병, 윌슨병에 주로 사용된다.

상호 작용

아연은 흡수를 위해 구리와 경쟁한다. 그리고, 다른 무기질들을(가장 주목할 만한 것은 칼슘과 철이다). 많은 양을 복용할 경우, 이들은 아연 흡수에 해로운 영향을 미친다. 아연 보완제가 가장 잘 흡수되도록 하기 위해서는 고섬유질 식품들과 따로 복용해야 한다. 아연은 어떤 약품들과도 부정적인 방식으로 상호 작용하는 것 같지 않다.

안정성: 많은 양을 지속적으로 흡수시 빈혈과 면역 기능 감퇴

영양공급원: 굴, 갑각류, 생선, 붉은 고기, 알곡류, 견과류, 콩 등

*1일 권장량은 10mg

⊙ 붕소(Boron)\

기능

붕소는 비타민 D를 가장 활성적인 형태로 전환되는 데 필수적이다. 게다가, 붕소는 뼈 건강을 위한 에스트로겐의 영향을 증가시킴으로서, 인체의 칼슘 소실을 감소시키는 역할을 한다.

결핍 징후와 증상

붕소 결핍은 폐경기 이후의 뼈 소실 증가와 관련이 있을 수도 있다. 폐경기 이후 여성들의 붕소 결핍은 뇨를 통한 칼슘과 마그네슘의

배출 증가와 혈청 내 에스트로겐과 테스토스테론 농도의 감소를 유발한다.

주요 효용: 붕소는 골다공증과 관절염 치료와 예방에 유용하다.

상호작용: 붕소와 다른 영양소나 약품들의 상호 작용은 알려진 것이 없다.

안정성: 아주 많이 복용했을 때만 메스꺼움 구토 설사가 유발된다

영양공급원: 과일과 채소. *1일권장량 1.5~3mg

⊙ 크롬(Chromiun)

기능

크롬은 체내에서 '포도딩 내성 인자'의 핵심 요소로서 기능한다. 크롬은 세포로의 포도당 흡수 촉진에 있어서 인슐린과 밀접하게 작용한다. 크롬이 없다면, 인슐린 반응이 방해를 받아서 혈당 수치가 증가할 것이다. 크롬의 가장 중요한 효과는 인슐린이 제대로 작용하도록 도와 주는 것이다.

결핍 징후와 증상

크롬 결핍의 주요한 징후는 혈당과 인슐린 수치 상승의 특징으로 나타나는 포도당 불내성이다.

주요 효용

크롬 보완의 주요 효용은 포도당 내성 장애(과혈당증과 당뇨병)와

혈중 콜레스테롤과 트리글리세리드 수치의 상승, 좌창을 치료하고 몸무게 감소를 촉진시키는데에 있다.

상호작용

정제 설탕과 하얀 가루 제품, 운동의 부족은 크롬 수치를 고갈시킬 수 있다. 그리고, 탄산염 칼슘과 제산제는 크롬 흡수를 감소시킬 수 있다.

안정성: 크롬은 심한 부작용이나 중독증을 나타내지 않았다.

영양공급원: 육류와 알곡은 크롬의 가장 좋은 공급원이다. 과일과 채소에는 아주 적은 농도로 들어있다.

*1일 권장량 $200\mu g$

⊙ 구리(Copper)

기능

구리는 인체 내에서 여러 가지 중요한 효소 반응에 관여하는 필수적인 미량 무기질이다. 구리는 철과 아연 다음으로 가장 풍부한 필수 흔적 원소이기도 하다. 구리가 가장 높은 농도로 들어있는 곳은 뇌와 간이다. 구리는 지질대사, 신경계의 수초유지, 콜라겐 성숙과정과 조골의 정상화에 관여한다

결핍 징후와 증상

여러가지 효소 계통에 구리가 필요하므로, 구리 결핍은 여러 가지

인체 조직에 영향을 미친다. 철의 흡수와 이용에도 구리가 필요하므로, 구리 결핍은 빈혈을 유발한다.

구리는 콜라겐과 탄성소의 교차연결에 필요한 효소인 리실 산화효소의 올바른 기능을 위해서도 필요하다. 따라서, 구리 결핍은 콜라겐 합성 장애와도 연관이 있다. 이 콜라겐 합성 장애는 혈관의 파열과 골다공증, 뼈와 관절의 이상으로 나타난다.

구리 결핍의 다른 증상들에는 뇌의 장해와 지질 과산화물의 증가, LDL 콜레스테롤 수치의 상승과 HDL 콜레스테롤 수치의 감소, 면역 기능 장해가 있다.

구리 결핍과 관련이 있는 몇몇 임상적 상황은 다음과 같다.

- 흡수량 감소
  — 저구리 유아용 소유, 영양 실조
- 흡수량 감소
  — 많은 양의 아연 보완, 많은 양의 비타민 C 보완
  — 제산제의 만성적인 복용, 만성 설사
  — 흡수 불량 상태들(소아지방변증, 크론병 등등)
  — 멘크(Menke)의 신장-머리카락 관련 증후군
- 소실 증가
  — 흡수 불량 상태들, 킬레이트화 요법, 화상
- 필요량 증가
  — 임신, 수유, 조산

주요 효용

구리는 주로 심장혈관 질환의 예방과 관절염 치료에(구리 팔찌의 형태로) 이용된다.

상호 작용

비타민 C와 아연, 철 그리고 다른 무기질들을 다량으로 흡수하면, 구리의 흡수가 감소한다.

안정성: 메스꺼움이나 구토가 발생할 수 있다.

영양공급원: 굴과 갑각류, 콩류 등.

*1일 성인 권장량 $800\mu g$

⊙ 요오드(Iodine)

기능

요오드는 신체의 성장과 물질대사, 심장 활동, 자극에 대한 반응 등을 조절하는 갑상선 호르몬의 생성에 필요한 무기질이다. 구체적으로, 갑상선샘은 아미노산 티로신에 요드를 첨가해서 갑상선 호르몬을 만들어낸다. 또한 유방 조직에 대한 에스트로겐의 영향을 조절하는 역할을 한다.

결핍 징후와 증상

요오드 결핍은 한데 뭉뚱그려 요오드 결핍성 장해로 불리우는 광범위한 질병들을 유발시킨다. 요오드 결핍은 모든 연령층에 영향을 미치는데, 임산부와 발육 중인 태아, 신생아들에게 특히 해롭다. 요오드 결핍으로 인한 몇몇 일반적인 질병들로는 다음과 같은 것들이 있다.

- 갑상선종 • 지적 무능력(태아나 아동의 뇌 손상) • 성장 지체
- 크레틴병 • 신생아의 갑상선 기능부전 • 영아 사망률 증가
- 신생아 갑상선 기능저하증 • 임신 초기와 후기의 유산 증가

주요 효용

요오드의 주요 효용은 요오드 결핍의 예방에 있다. 이뿐만 아니라, 캐나다에서 행해진 연구 결과, 요오드(특히, 카제인 요오드)가 낭양변성 섬유증 유방 질환(FBD)에 효과적일지도 모른다는 사실이 밝혀졌다. 요오드 결핍이 상피를 에스트로겐 자극에 더 민감하도록 만든다는 것이 그 이론이다. 이 과잉 민감성은 흡수 한계치보다 많은 과도한 분비를 야기시키고, 이로 인해 유선이 팽창해서 작은 낭포들이 생겨나 나중에 섬유종이 되는 것이다

요오드 화합물이 체내 낭포성 공간과 부분적으로 과도한 세포 증식을 고쳐 주는 반면, 기초 형태의 요오드는 질병의 전체 과정을 고쳐준다. 따라서, 기초 형태의 요오드가 유방의 신진대사를 위해서는 우선적인 요오드 형태가 필요하다. 요오드는 티록신이라는 갑상선 호르몬을 만드는데 이는 신체와 정신의 성장속도를 조절한다.

상호작용

생화학적으로 적당한 양을(150~600마이크로그램) 복용했을 때, 요오드는 어떤 영양소나 약품과도 상호 작용을 하지 않는다.

안정성: 흡수량 증가로 좌창같은 부스럼이 나타날 수 있다.
영양공급원: 다시마 미역, 김, 톳 같은 해초류를 포함한 해산물 1일 성인 권장량 150μg.

⊙ 철(Iron)

기능

철은 인간의 생명에 아주 중요하다. 철은 적혈구의(RBC) 헤모글로빈 분자 안에서 중심적인 역할을 한다. 산소를 폐에서 인체의 각 조직들로 운반하고, 이산화탄소를 각 조직들에서 폐로 운반하는 헤모글로빈 분자 안에서 기능을 하는 것이다. 철은 또한 DNA 합성을 포함해서, 에너지 생산과 신진 대사에 관여하여 월경과 두뇌 지적능력 유지, 골수 조혈작용, 콜라겐 합성 등에 작용한다.

결핍 징후와 증상

철 결핍에 걸릴 위험성이 가장 높은 그룹은 2세 미만의 유아들과, 10대 소녀들, 임산부 그리고 노인들이다. 연구들의 결과, 이들 그룹에 속한 사람들의 30~50%가 철 결핍인 것으로 밝혀졌다. 일례로, 젊고 건강한 여성들의 35~58%가 어느 정도의 철 결핍증에 걸려 있으며, 임신 중에는 철 결핍증에 걸리는 비율이 훨씬 더 높아진다.

철 결핍증은 증가한 철 필요량과 식이 섭취량의 감소, 철의 흡수나 이용 감소, 혈액 손실 또는 여러 가지 요인들의 결합으로 인해 발생할 수 있다. 철 필요량은 갑자기 성장이 빨라지는 유아기와 청소년기, 임신 및 수유 기간에 증가한다. 현재, 많은 수의 임산부들이 철 보완제를 복용하고 있다. 식이 섭취량만으로는 임신 중의 엄청난 철 필요량 증가를 충당할 수 없기 때문이다.

세계 많은 지역의 사람들은 보편적으로 철을 충분히 흡수하지 못하고 있다. 주로 채식을 하는 지역에서는 특히 그렇다. 선진국가들에서의 대표적인 유아식에도(우유와 샐러리가 많이 들어 있는) 철이 낮게 함유되어 있다. '잡동사니 식품들'을 섭취하는 청소년들은 철이 결핍될 위험성이 아주 높다.

그러나, 철이 부족한 식사를 할 위험성이 가장 높은 사람은 저소득층 노인이다. 불행하게도, 노인의 경우, 철 흡수량 감소는 아주 흔한 일이다. 철 흡수량 감소는 흔히 위에서의 염산 분비 부족으로 인해 발생한다. 이는 노인들의 경우 아주 흔한 일이다. 철 흡수량을 감소시키는 다른 요인들로는 만성적 설사나 흡수 불량, 위 절제 수술, 제산제의 사용이 있다.

임신 가능한 나이의 여성에게서 발생하는 철 결핍의 가장 보편적인 원인은 대개 과도한 월경 출혈로 인한 혈액 손실이다. 혈액 손실의 다른 원인은 소화성 궤양과 치출혈, 헌혈 등도 포함된다.

(철 결핍의 결과)

철 결핍으로 인한 부정적인 결과는 조직들로의 산소 운반 장해와 다양한 조직들에서 철을 함유하고 있는 효소들의 활동 장해로 인해 발생한다. 철 결핍은 빈혈과 월경으로 인한 과도한 혈액 손실, 지적 무능력, 면역 기능 장해, 에너지 수치와 신체적 활동의 감소를 유발시킨다.

적혈구의 주요한 기능은 이산화탄소 배출과 산소를 폐에서 인체의 각 조직들로 운반하는 것이다. 극심한 피로 같은 빈혈 증상들은 조직들로 보내지는 산소의 부족과 이산화탄소의 증대를 반영한다. 철 결핍은 빈혈의 가장 일반적인 원인이다. 또한 피로, 피부 창백, 변비, 생리 불순, 갑상선 기능 저하, 신경 발달 손상, 구내염, 집중력 감소, 탈모, 면역 기능 저하 등이 생길 수 있다.

주요 효용

철의 주요 효용은 철 결핍을 치료하는 것이다. 철은 또한 빈혈과 임신으로 인한 철 저장량의 감소를 예방한다. 철 보완이 소위 말하는 '정자 불능증'에도 도움이 된다는 증거가 있다.

상호 작용

다른 무기질들 특히, 칼슘과 마그네슘, 아연의 많은 흡수량은 철의 흡수를 방해한다. 그러나, 비타민 C는 철의 흡수를 향상시킨다.

아스피린과 이부프로펜같은 항염증성 약품들은 위장관 출혈을 통한 철 손실의 발생에 기여한다.

철의 과다 증상은 고혈압, 심장 이상, 당뇨, 편 두통, 관절통, 간경변, 과격한 행동 장애 등이 나타날 수 있다.

안정성: 속쓰림, 구토, 변비나 설사를 유발할 수 있다.

영양공급원: 간, 굴, 계란, 살코기, 조개, 해초류, 깨, 녹황색 야채
* 1일 권장량 10mg. 폐경기 이전 18mg. 폐경기8mg. 임산부27mg.

⊙ 망간(Manganese)
기능

망간은 혈당 조절과 에너지 대사, 갑상선 호르몬 기능에 관여하는 효소들을 포함한 여러 가지 효소들 속에서 기능한다. 또한, 산화 방지 효소인 SOD(과잉산화물 분자변위효소)속에서도 기능한다. 이 효소는 과산화물 유리기의 해로운 영향으로 인해 세포의 구성 성분들이 파괴되는 것을 막아준다. SOD가 없을 경우, 세포들은 손상되고 염증에 걸리기 쉽다. 망간 보완은 SOD의 활동을 증가시키는데, 이는 산화 방지 활동의 증가를 반영하는 것이다.

결핍 징후와 증상

동물들의 망간 결핍은 성장 장해와 골격 이상, 탄수화물과 지방 대사 장해를 유발한다. 임신 중에 망간이 결핍되면, 그 아기는 유전성 움직임 장애(운동실조증)에 걸리게 된다. 이 유전성 운동실조증은 실조와 균형 부족, 머리의 퇴축을 특징으로 한다. 이 질병은 평형 감각을 책임지는 내이의 석회 구조인 이석의 발달 장해로 인한 것이다.

인간의 망간 결핍은 동물들의 경우 만큼 잘 규정되어 있지 않다. 동물들을 대상으로 한 연구들은 망간 결핍이 정상적인 성장과 대사에 심각한 혼란을 야기시킨다는 것을 지적하고 있다. 인간을 대상으로 한 여러 연구에서, 망간이 결핍된 식사를 한 피실험자들에게서 피부 발진과 머리 색의 손상, 뼈대의 개조, 머리카락과 손톱의 성장 감소, HDL콜레스테롤(고지방 단백질과 결합한 콜레스테롤) 수치의 감소를 포함해서 신진대사 상의 무수한 이상들이 발생했다.

주요 효용

망간 보완의 주요 효용은 과로와 삠, 염증, 간질, 당뇨병 치료에 있다.

안정성 문제

식이 망간과 망간이 함유되어 있는 영양 보충제는 유독성이 극히 적다. 그러나, 환경적 오염이나 망간 채광으로 인한 망간 유독성은 심각한 건강 문제이다. 가장 심각한 경우, 망간 유독성은 '망간으로 인한 정신착란증' 이라 불리는 증후군을 유발시킨다. '망간으로 인한 정신착란증'은 환각과 폭력적인 행동, 신경의 이상감각 같은 정신병적 증후군을 특징으로 하고 있다.

상호 작용

망간은 철과 구리, 아연의 흡수를 방해할 수 있다. 반대로, 마그네슘과 칼슘, 철, 아연의 높은 흡수도 망간의 흡수를 억제한다. 제산제들도 망간의 흡수를 방해한다.

영양공급원: 견과류와 알곡, 말린 과일, 녹색 잎 채소 등

1일 권장량 2~5mg

⊙ 몰리브덴(Molybdenum)
기능

몰리브덴은 알콜 해독과 요산 형성, 황 대사에 관여하는 효소들을 포함한 여러 가지 효소의 구성 성분으로 기능한다.

결핍 징후와 증상

몰리브덴 결핍은 영양소들을 모두 비경구적으로(정맥내로) 투여받는 환자들에게서 나타난다. 몰리브덴 결핍은 아황산염 해독 불능으로 나타난다. 이는 아황산염을 해독하는 효소가(아황산염 산화 효소) 몰리브덴에 의존하고 있기 때문이다. 몰리브덴을 보완하면, 심박 도수의 증가와 호흡이 짧아지는 것, 두통, 부위 감각 상실, 욕지기, 구

토 같은 아황산염 중독 증상들이 완전히 치유된다. 몰리브덴 결핍은 아황산염 민감성의 원인이 될 수도 있다.

주요 효용

몰리브덴은 아황산염 민감성과 암 예방, 충치 예방 그리고 윌슨병의 치료에 이용할 수 있다.

상호 작용

구리와 불화물과의 상호작용 외에, 몰리브덴과 다른 영양소나 약품들 간의 상호 작용으로 알려진 것은 없다.

영양공급원: 까서 말린 완두콩, 녹색 완두콩, 꽃양배추, 양조자용 이스트, 밀씨눈, 시금치, 현미, 마늘, 귀리 등

1일 권장량 200~500㎍.

⊙ 셀레늄(Selenium)
기능

흔적 무기질인 셀레늄은 주로 산화 방지 효소인 글루타티온 과산화효소의 구성 성분으로 기능한다. 글루타티온 과산화효소는 비타민 E와 함께 세포막에 대한 유리기 손상을 막는 역할을 한다. 낮은 셀레늄 수치는 암과 심장 혈관 질환, 염증성 질병 그리고, 조기 노화와 백

내장 형성을 포함한 유리기 손상의 증가와 관련된 다른 질병들의 높은 발생 위험성과 연관이 있다.

셀레늄의 주요한 효과는 산화 방지제로서의 셀레늄의 역할에서 생겨나는 것이다. 구체적으로 말하면, 셀레노시스테인 형태의 셀레늄은 효소 글루타티온 과산화효소의 활동 부위 네 곳으로 섞여든다. 이 효소는 유리기와 산화 손상으로부터의 보호에서 결정적인 역할을 담당한다. 이런 중요한 역할뿐만 아니라, 셀레늄은 그 혼자만으로도 산화 방지 활동을 하며, 갑상선 호르몬의 생성에도 관여한다. 셀레늄은 또한 납과 수은, 알루미늄, 카드뮴 같은 중금속들에 대해서도 적대적이다.

결핍 징후와 증상

심각한 셀레늄 결핍은 주로 어린이들과 가임기의 여성들이 걸리는 심각한 심장 질병인 케산 병과 연관이 있다. 케산 병은 토양 속의 셀레늄 수치가 매우 낮은 중국의 몇몇 지역에서 나타나고 있다. 카신벡크병은 관절의 질병으로, 역시 중국에서의 낮은 셀레늄 수치와 관련이 있다. 셀레늄 결핍은 다른 심장 장해와 근육 약화도 일으킬 수 있다. 그러나, 이러한 심각한 셀레늄 결핍 상태는 아주 드물게 발생한다. 보다 일반적인 것은 만성적인 낮은 셀레늄 흡수로, 이는 암과 심장 질환, 면역 기능 저하의 위험성 증가와 연관이 있다.

주요 효용

셀레늄 보완은 주로 총괄적으로 산화 방지를 돕는데 이용된다. 셀레늄 보완의 중요성을 이해할 수 있도록, 암과 면역 기능 향상, 심장혈관 질병, 염증성 질병들, 백내장 형성 그리고 임신과 조산아에 대해 효과적이다. 이는 태아의 성장과 발달에 필수적이기 때문이다.

안정성 문제

인체는 셀레늄을 조금 밖에 필요로하지 않는다. 따라서, 어떤 사람들의 경우, 하루 900마이크로그램의 적은 양을 오랜 기간 동안 지속적으로 복용하면, 셀레늄 중독 징후가 나타날 수도 있다. 만성적인 중독증과 관련된 징후와 증상들로는 우울증과 신경과민, 감성적 민감성, 구토와 욕지기, 숨을 쉴 때나 땀에서 나는 마늘 같은 냄새가 있다. 그리고, 아주 심각한 경우에는 머리카락과 손톱이 빠진다. 그러나 식이 공급원으로 인한 급성 셀레늄 종독은 거의 일어나지 않는다.

상호 작용

글루타티온 산화효소 활동에 있어서, 다른 산화 방지제들은 셀레늄과 협조적으로 작용한다. 중금속(납, 수은, 카드뮴 등등)과 많은 비타민 C 복용은 셀레늄 흡수에 해로운 영향을 미친다. 유기 형태의 셀레늄보다 셀레산염 나트륨이 더 많은 영향을 받는다. 다른 흔적 무기질들, 특히 아연을 많은 양 흡수할 때에도 셀레늄 흡수량은 감소한다. 다양한 약품들은 셀레늄 필요량을 증가시키는데, 특히, 화학치료제들이 그렇다.

영양공급원 : 밀씨 눈 , 호두, 귀리, 통밀빵 , 붉은색 근대, 보리,

　　　　　육류, 어패류 등

1일 권장량은 50μg.

⊙ 실리콘(Silicon)
기능

　실리콘은 뼈와 연골을 포함한 다른 연결 조직들의 형성에서 기능하는 효소 프롤리하이드롤실라제의 올바른 기능을 위해 필요하다. 또한, 뼈의 석회질화에도 중요하다. 일례로, 성장하는 뼈의 석회질 부분에서는 실리콘 농도가 높게 나타난다. 그러나, 실리콘 농도가 가장 높은 곳은 피부와 머릿카락이다. 흥미롭게도, 대동맥과 흉선, 피부의 실리콘 함유량은 나이가 들어감에 따라 감소한다. 그러나, 다른 조직들에서는 그렇지 않다.

결핍 징후와 증상

　인간에게서는 실리콘 결핍이 증명되지 않았다. 그러나, 동물들의 경우에는, 실리콘 결핍이 인대와 건 그리고 뼈의 통합성 이상으로 타나난다. 실리콘이 결핍된 먹이를 먹은 닭들에게서는 콜라겐 합성의 저하와 일치하는 뼈의 기형이 나타났다. 콜라겐은 뼈와 연결 조직들의 적절한 통합성을 위해 필수적인 인체의 주요한 단백질 구성 물질이다.

주요 효용

실리콘은 뼈와 연결 조직, 머릿카락, 피부를 강화하는데 이용되는 아주 인기 있는 영양소이다. 실리콘의 효용에 대한 몇 안되는 연구들 중의 하나는 콜로이드 모양의 규산을 다룬 것이었다. 얼굴 피부의 노화와 가는 머릿카락, 잘 부서지는 손톱을 갖고 있던 총 50명의 여성들이 90일 간의 오픈 비통제 실험에 참가했다. 이 연구 결과, 피부의 두께와 힘, 주름, 머릿카락과 손톱의 건강에서 통계학적으로 의미있는 향상이 나타났다.

상호 작용

실리콘의 상호 작용에 대해서는 알려진 바가 없다.

영양공급원: 현미 등 알곡과 뿌리 채소

1일 권장량 5~20mg

⊙ 바나듐(Vanadium)
기능

바나듐은 포도당 내성을 향상시키고, 콜레스테롤 합성을 억제하며, 뼈와 치아의 무기질화를 향상시키는 기능을 나타낸다.

결핍 징후와 증상

바나듐은 호르몬과 콜레스테롤 그리고 혈당 대사의 기능과 관련되어 있지만, 특정한 결핍 징후나 증상은 보고된 바가 없다. 몇몇 연구자들은 바나듐 결핍이 콜레스테롤 수치 상승과 당뇨병이나 과혈당증으로 나타나는 혈당 조절 장해를 유발한다고 생각하고 있다.

주요 효용

바나딜 황산염은 인슐린 활동을 향상시키거나 인슐린을 흉내내기 때문에, 당뇨병 환자들과 보디빌더들에게 인기가 있다. 동물 연구 결과 내복 포도당의 내성을 향상시킨다는 것이 밝혀졌다. 인간의 경우에도 이와 비슷한 효과가 나타날 것이다.

상호 작용

바나듐과 다른 영양소들 또는 리듐을 제외한 다른 의약품들과의 상호 작용으로는 알려진 것이 없다.

영양공급원 : 메밀, 파스리, 흑후추, 고수, 버섯, 조개류, 콩
1일 영양 필요량 50~100㎍.

제4부

필수 지방산(오메가-3)

두개의 고도 불포화지방산인 리놀산과 알파 리놀산이 없을 경우, 인체는 제대로 기능할 수가 없다. 이들 지방산들이 '필수 지방산'으로 불리는 이유는, 이들이 정상적인 세포 구조와 인체의 기능에 꼭 필요한 것이기 때문이다. 두 개의 필수 지방산은 신경 세포와 세포막, 그리고 프로스타글란딘으로 알려져 있는 호르몬 같은 물질의 구성 성분으로 기능한다. 식물성 식품이 풍부한 음식 섭취가 가져다주는 유익한 효과들의 대부분은 낮은 수치의 포화 지방과 상대적으로 높은 수치의 필수 지방산 때문이다. 반면, 포화 지방의 수치가 높은 음식 섭취는 많은 만성적인 질병들과 관련이 있다. 포화 지방은 낮게 들어 있지만, 필수 지방산은 높게 함유되어 있는 식품들의 섭취는 이들 똑같은 질병들을 예방해 준다.

포화지방과 불포화지방

트리글리세리드는 포화지방인데, 그 이유는 지방산 속의 탄소 분자들이 그들이 떠맡을 수 있는 모든 수소 분자들로 '포화되었기'때문이다. 수소 분자들 중의 일부가 제거되었을 경우, 남은 것은 불포화 지방산이 되기 때문에, 이들을 불포화 지방이라 한다.

포화 지방들은 대표적으로 버터와 라아드, 수지 같은 동물성 지방이며, 실내 온도에서는 반고체에서 완전 고체상태로 된다. 이와는 대조적으로, 불포화 지방은 대개 실내 온도에서 액체 상태로 있기 때문에, 흔히 유지로 불린다. 거의 모든 식물성 기름은 주로 불포화지방을 함유하고 있다.

필수 지방산 결핍의 원인

지방과 유제품들 그리고 이들을 함유하고 있는 식품들에 대한 상업적인 대량 정제로 인해, 우리의 식료품 체인스토어에서 필수지방산이 제거되고 있다. 이뿐만 아니라, 트란스형 지방산과 부분적으로 수소가 첨가된 유지의 형태로 식품들에 첨가되는 인공 지방과 유지의 양도 어마어마하게 증가하고 있다. 그 결과 •필수 지방산이 풍부하게 들어있는 질좋은 유지들을 섭취할 수 없게 되었고 •건강에 좋은 오메가-3과 오메가-6 유지들을 유독성이 있는 화합물로 변형시켰으며 •필수 지방산을 수소첨가된 트란스 지방산으로 변형시켰다.

필수 지방산 결핍 증상

• 피로와 권태, 활기없는 에너지 • 참을성 부족 • 건조한 피부 • 금이 간 손톱 • 건조하고 생기없는 머릿카락 • 점막과 누관, 입, 건의 건조 • 소화불량, 가스, 부종 • 변비 • 면역 약화 • 잦은 감기와 병 • 쑤시고 시린 관절 • 가슴 통증 • 우울증 • 건망증 • 고혈압 • 심장 질환 • 관절염

필수 지방산 보완제들의 주요 효용

필수 지방산 보완은 60가지 이상의 질병에 도움이 되는데 특히 다음 질병들에 필수적이다.

- 높은 콜레스테롤 수치와 고혈압을 포함한 심장혈관 질환.
- 알레르기와 염증성 질환, 건선과 습진 포함.
- 다발성 동맥경화증과 낭창, 암 같은 자기면역성 질환

면역 계통에 대한 지방산의 영향 조절

알파 리놀렌산이 그 항암 효과들의 일부를 면역 기능의 향상을 통해 나타낸다는 것도 가능하다. 한 연구에서는, 생쥐들을 대상으로 면역 계통을 억압하는 것으로 알려진 강도 높은 운동과 고도불포화 지방산 사이에 있을 수도 있는 상호작용을 연구했다. 8주 동안, 연구자들은 동물들에게 자연 성분의 먹이만을 주거나 아마씨유와(50% 알파 리놀렌산) 우지, 잇꽃유(거의 대부분이 리놀산)또는 생선기름을 보완한 먹이를 먹였다. 그리고, 각 식이 집단을 착생 집단이나 운동

집단으로 나누었다. 운동은 지칠 때까지 강도 높게 수영을 계속하는 것이었다. 세 개의 개별적인 실험들의 결과, 착생 집단에서 양적혈구에서의 주요 면역 반응이 다음과 같은 순서의 고도 불포화 지방산의 보완에 의해 영향을 받는 것으로 나타났다.

• 우지 • 식이 조절 • 잇꽃유 • 생선 기름 • 아마씨유

운동을 받은 동물들의 경우에는, 면역 반응이 지나친 운동에 의해 억제되었다. 그러나, 아마씨유를 공급받은 집단은 예외였다. 아마씨유를 공급받은 집단만 유일하게 정상적인 면역 반응을 보였다.

이 결과가 주는 의미는 일이나 운동으로 인해 스스로에게 대단한 신체적 부담을 주어서, 면역 기능에 운동으로 인한 부정적인 영향이 생기게 된 사람들에게 아마씨유 보완을 권장하라는 것이다. 많은 영양학자들은 정제되지 않은 무공해 아마씨유를 필수 지방산의 수치를 회복시킬 수 있는 해결책이라고 생각하고 있다. 아마씨유는 매우 독특한 물질이다. 아마씨유 속에는 팔수 지방산과 알파 리놀렌산(오메가-3 지방산), 리놀산(오메가-6 지방산)이 모두 들어있기 때문이다. 아마씨유는 세계에서 오메가-3 지방산을 가장 많이 함유하고 있는 식품이다. 아마씨유는 생선 기름속에 들어있는 양의 두배나 되는 오메가-3 지방산을 함유하고 있다.

영양 공급원: 아마씨, 호두, 아마씨유, 올리브유, 등푸른 생선, 1일 권장량 0.6~1g. 치료 목적에 따라 더 많은 양을 복용한다.

제5부

부수적 영양소

 ### 섬유소(Fiber)

기능

식이 섬유는 포괄적으로 건강에 접근하는 강점을 가지고 있는데 콜레스테롤의 체내 합성과 흡수를 방해하고 콜레스테롤로부터 합성되는 담즙산의 소장에서의 재흡수를 저해하여 간의 콜레스트롤 LDL 수치를 낮출뿐만 아니라 HDL 수치를 증가시키고 중성지방을 낮추어 지질수치의 균형을 이뤄내고 결국 심혈관질환의 위험을 낮추는 기능을 한다 또한 다음과 같은 기능을 한다.

• 장내 주행 시간의 감소 • 위의 공복을 늦추어서, 식사 후의 혈당 상승을 감소시킨다. • 포만 증가 • 췌장의 분비 증가 • 보다 유익한 장내 미생물총 • 단쇄 지방산의 생산 증가 • 혈청 지질 감소

결핍 징후와 증상

만성적인 퇴행성 질병들에 대한 식이 역할을 뒷받침해주는 증거로, 이 둘 사이의 연관을 보여주는 다음과 같은 두 가지 사실이 있다.

식물성 식품(알곡과 콩류, 과일, 채소 등)을 많이 섭취하면, 소위 '서양' 사회에서 아주 흔하게 발생하고 있는 많은 질병들을 예방할 수 있다. 또 하나는, 식물성 식품의 흡수량이 적은 식이는 이들 질병들을 야기시키고, 이런 질병들의 다른 발병 인자들이 더욱 활발하게 움직일 수 있는 조건을 제공한다는 것이다.

음식 섭취와 식이 섬유, 만성적인 질병들 간의 관계의 대부분은 의학계의 두 개척자이자 1981년에 최초로 출판된 〈서구의 질병: 발생과 예방〉의 저자인 데니스 버키트와 휴 트로웰 박사에 의해 밝혀졌다. 다양한 개체에서의 질병 빌생율을 고찰한 광범위한 연구들과 원시 문화들에 대한 자신의 관찰을 토대로, 버키트는 다음과 같은 사건의 연속을 공식화했다.

1 단계 채식을 주로 하는 원시의 음식 섭취에는 가공되지 않은 많은 양의 전분 식품들이 들어있다. 따라서, 골관절염과 심장 질환, 당뇨병, 암 같은 만성적인 퇴행성 질병들이 발생하는 예는 거의 없다.

2 단계 음식 섭취의 서구화가 시작되면서, 비만과 당뇨병이 특권층에서 흔하게 나타난다.

3 단계 음식의 서구화가 보통 정도로 진행되면서, 변비와 혈액 투석, 정맥류, 충수염이 일반적인 질병으로 자리잡는다.

4단계   마침내 음식 섭취의 서구화가 완전히 정착되면서, 골관절
        염과 류머티스성 관절염, 통풍, 심장질환, 암 등등이 아주
        흔히 발생하게 된다.

식물성 식품의 낮은 섭취와 관련된 질병들

분류	질병
대사성	비만, 통풍, 당뇨병, 신장 결석, 담석
심장혈관 질병	심장질환, 고혈압, 뇌졸중, 정맥류, 정맥 혈전증, 폐동맥색전증
결장의 질병	변비, 충수염, 게실염, 다발성게실염, 혈액투석, 결장암, 신경성 소화불량, 궤양성 대장염, 크론병
기타	우식증, 자기면역 장애, 악성 빈혈, 다발성 동맥경화증, 갑 상선 중독증, 다양한 피부병

주요 효용

보충적인 식이 섬유는 완화제의 역할을 할 뿐만 아니라, 신경성 소화불량과 심혈관 질환, 비만을 치료하는 데에도 이용된다. 또한 대변의 장내 통과 시간을 단축시켜 발암물질과 장벽의 접촉기회를 줄이고 유해 세균과 발암물질을 흡수 신속히 배설시켜 암을 예방 한다.

매일 규칙적인 섭취를 통해 혈당수치를 적정수치 내에서 관리하여 세포에 적절한 에너지원을 공급 함으로써 당뇨나 대사증후군 환자에

게 긍정적인 영향을 주며 영양흡수 패턴을 개선시켜 면역력을 증진
시키고 신체방어 능력을 강화시킨다.

상호 작용

음식물을 통해 섭취하는 섬유소는 다른 식품들에 들어있는 무기질
을 방해하지 않으나, 특히 밀기울 같은 보충의 섬유는 무기질 결핍을
야기시킬 수도 있다. 섬유 보충제는 또한 몇몇 약품들의 흡수를 억제
하기도 한다. 따라서, 약을 복용할 때에는 그것이 어떤 약이든 간에,
섬유 보충제 복용 시간과 거리를 두고 복용하는 것이 좋다.

영양공급원: 채소류, 과일류, 견과류, 해조류 등

1일 권장량 1~ 5g

 ## 글루코사민(Glucosamine)

기능

인체는 포도당과 아민으로(질소와 두 개의 수소 분자) 구성된 단순
한 분자인 글루코사민을 만들어낸다. 관절에 대한 글루코사민의 생
리 기능은 글리코사미노글리칸의 형성을 자극하는 것이다. 글리코사
미노글리칸은 연골의 핵심적인 구조적 성분이다. 글루코사민은 황이
연골로 통합되는 것도 촉진시킨다. 이 효과 때문에, 글루코사민 황산
염은 가장 좋은 글루코사민 공급원이다.

글루코사민의 형성 장애는 가장 흔한 관절염 형태인 골관절염의 (퇴행성 관절 질병으로도 알려져 있음) 주요한 유발 인자이다. 글루코사민 황산염의 유익한 효과는 아주 간단하다. 정상적인 관절 기능에 필요한 물질들의 형성을 자극하고, 관절의 회복을 자극하는 일을 담당하는 것이다.

결핍 징후와 증상

어떤 사람들은 나이를 먹어 감에 따라 인체에서 충분한 수치의 글루코사민을 만들어낼 수 없게 되는 것 같다. 그 결과로, 연골은 충격을 흡수하는 능력을 상실한다. 무릎과 엉덩이 같은 무게를 지탱하는 관절들과 손의 관절들은 골관절염에 가장 걸리기 쉬운 관절들이다. 병의 영향을 받은 관절에서는, 경화와 관절의 주변에서의 커다란 거상 돌기 형성에 뒤따라 일어나는 연골의 파괴가 더 많이 발생하게 된다. 그 결과로, 통증과 기형, 움직임의 제한이 발생한다.

골관절염의 시작은 알아차리기가 매우 힘들다. 아침에 관절을 제대로 움직일 수 없는 것이 최초의 증상이다. 병이 진행됨에 따라, 움직일 때, 이와 관련된 관절에 통증이 일고, 이 통증은 활동을 계속하면 더욱 악화되고 쉴 때는 약화된다.

주요 효용

글루코사민 황산염은 주로 골관절염의 치료에 이용된다. 골관절염 즉 퇴행성 관절 질병은 가장 흔한 관절염 형태이다. 이 병은 노인들에게서 주로 나타나지만, 노인들에게서만 나타나는 것은 아니다. 조사 결과, 4천 만명 이상의 미국인들이 이 골관절염에 걸려 있는데, 50세 이상이 80%를 차지하고 있다고 한다. 45세 미만인 경우에는, 남자에게서 더 많이 발생하고, 45세 이후에는 남자보다 여자에게서 10배는 더 흔하게 나타난다고 한다.

무게를 지탱하는 관절들과 손의 관절들이 골관절염과 연관된 퇴행적 변화들의 영향을 가장 잘 받는 관절들이다. 구체적으로, 경화와 관절 주변에서의 커다란 거상돌기 형성에 뒤따라 일어나는 연골의 파괴가 더 많이 발생하게 된다. 그 결과로, 통증과 기형, 움직임의 제한이 발생한다. 그러나, 염증은 대개 극미하다.

글루코사민은 아스피린과 다른 비스테로이드성 항염증제들을 대신할 수 있는 안전하고 효과적인 천연 약제이다.

상호 작용

이뇨제를 복용하고 있는 사람들은 더 많은 양을 복용해야 한다. (매일 몸무게 1 킬로그램 당 20밀리그램).

글루코사민 황산염의 1일 권장량 하루3번 500mg

 ## 보조효소 Q10(Coenzyme Q10)

기능

보조효소Q10은 모든 식물과 동물 세포 내에 있기 때문에, 유비퀴논(ubiquinone)으로도 알려져 있다. 유비퀴논으로도 알려져 있는 코엔자임 Q10은 인체 세포의 에너지 생산 단위인 미토콘드리아의 필수적인 구성성분이다. 코엔자임Q10은 모든 인체가 소유하고 있는 에너지 운반을 담당하는 ATP의 생성에 관여한다. 코엔자임Q10의 역할에 대한 좋은 비유는 차 엔진의 스파크 플러그의 역할과 비슷한 것이다. 처음의 스파크가 없이는 차가 움직일 수 없는 것처럼, 코엔자임Q10이 없이는 인체도 기능할 수 없다.

코엔자임Q10의 유익한 효과들은 에너지 대사를 향상시키는 코엔자임Q10의 능력과 산화 방지제로서의 활동에 의해 나타난다. 이런 효과들은 심장 혈관 질환과 암의 예방과 치료에 가장 큰 도움이 된다.

코엔자임Q10의 산화 방지 활동은 지질 과산화를 예방하는 것에 한정되어 있다. 이는 비타민 E에 좋은 영향을 미치며, 비타민 E와 함께 지방질막과 혈장 지질에 대한 손상을 예방하는 작용을 한다. 다른 산화 방지제들과 마찬가지로, 코엔자임Q10 보완은 지질 과산화물 형성과 HDL 콜레스테롤의 산화를 억제함으로써 아테롬성동맥경화증을 상당히 예방해준다

결핍 징후와 증상

인체가 CoQ10를 합성할 수 있음에도 불구하고, 결핍 상태는 존재한다. 심장이 인체에서 가장 대사가 활발하게 일어나는 조직들 중의

하나이기 때문에, CoQ10 결핍은 주로 심장에 영향을 미쳐서, 심장 마비를 유발시킨다. CoQ10 결핍은 영양적 결핍으로 인한 CoQ10 합성 장애와 유전적 또는 후천적 CoQ10 합성 장애, 또는 조직의 필요량 증가의 결과로 발생할 수 있다.

조직의 CoQ10 수치 증가를 필요로하는 질병들로는 주로 앙기나와 고혈압, 승모판탈출, 울혈성 심장마비 같은 심장혈관 질환들이다.

뿐만 아니라, 나이가 들어감에 따라서 CoQ10 수치도 감소하기 때문에, 노인들의 경우에는 일반적으로 CoQ10 필요량이 증가한다.

주요 효용

CoQ10은 주로 울혈성 심장마비와 고혈압, 심근병, 승모판 탈출, 관상 동맥 대체 혈관 수술 그리고 앙기나 같은 심장혈관 질환들에 이용되며, 당뇨병과 치근막 질환, 면역 결핍, 암, 근육 이영양증에 이용되며, 체중 감량 보조제와 운동 선수들의 '활동 수행 향상제'로도 이용된다. CoQ10가 반응하는 데에는 시간이 걸리기 때문에, 임상적 반응은 치료가 시작된 후 8주 이상이 지난 뒤에야 발생한다.

상호 작용

카르니틴과 다른 어떤 약이나 영양소들 간의 해로운 상호 작용으로는 알려진 것이 없다. 카르니틴과 보조효소 Q10은 결합되었을 때, 서로 협조적으로 작용하는 것 같다. 판토텐의 경우에도 마찬가지이다.

가장 중요한 상호 작용은 카르니틴과 콜린의 상호 작용일 것이다. 젊은 성인 여성들의 경우, 매일 콜린을 보완하면(몸무게 1 킬로그램당 20밀리그램) 소변을 통한 카르니틴 배설량이 통제 집단에 비해 75%나 낮아진다. 그러나, 혈장 카르니틴 농도는 크게 변화하지 않는다. 기니피그를 이용한 연구 결과, 콜린 보완이 소변을 통한 배설량을 대단히 저하시키고, 골격근의 카르니틴 농도는 대단히 증가시키는 것으로 나타났다. 이 연구들은 콜린을 보완하면, 카르니틴이 체내에 보유되고 세포내 카르니틴 수치도 증가한다는 것을 보여 준다.

영양공급원: 식물과 동물 세포에 모두 존재, 혈장의 코엔자임Q10 수치는 잡식주의자들보다 채식주의자들의 경우에 상당히 더 높다(두 배 이상). 이는 식물성 식품의 높은 섭취량이 CoQ10 수치를 높게 유지시켜 준다는 것을 알려 준다.

1일 권장량 50~150mg

참고 문헌

the missing nutrients, nutritional supplements

bokuen newspaper2000.10.2-①

-부록-

[알로에]

기능

알로에는 백합과에 속하는 다년생 초본식물로서 현재 세계적으로 약 200여종이 보고되고 있으며 그 중 6~7종 정도가 약용으로 쓰이고 있다.알로에는 다양한 치료효과를 나타내는 것으로 보고되는데 그 중 상처치유가 대표적이며 그외 항균, 항바이러스, 항궤양, 항알러지, 항염증, 항종양, 진통 진정작용 및 소화기 계통의 기능 항진과 대사성질환 치료 기능이 있다.

주요 효용

알로에는 혈관생성 촉진 기능이 뛰어나서 상처 부위 세포의 재생 및 새로운 조직형성을 통한 영양 공급을 원활하게 하여 외부 상처와 염증, 내부장기의 궤양(위 궤양, 십이지장 궤양)등 치유에 효과적이다. 또한 세포의 재생 및 증식을 유도하여 간세포의 재생을 촉진시키고 간암 발생을 억제하는 효과를 사람과 쥐의 간세포 이용 실험을 통해 알 수 있었으며 체내의 유독물질을 분해 배출시키고 피부 및 신체의 노화를 방지하는 효과가 있다.

알로에의 다당류 성분은 면역능력을 신속히 회복시켜 손상된 피부세포를 치유하고 피부암 발생을 억제한다. 또한 보습효과 및 멜라닌색소형성 억제로 피부를 보호하고 잔 주름을 완화 해주며 피부를 탄력있게 한다.

알로에 알프로젠 성분은 알러지반응을 억제하여 알러지 질환을 개선 시킨다.

알로에는 알로에틴, 바르바로인 알로에모징 등이 함유되어 살균, 소염작용을 하며 특히 화상과 찰과상, 동상, 습진, 옻 등의 질환에 뛰어난 효과를 보인다.

아로인 알로에메모딘성분은 습진, 무좀, 치질, 수족냉증, 부인과 질환에 효과적이다.

미틴 성분은 암바이러스 항종양작용과 해독작용을 한다.

알로인 성분은 혈액 순환 촉진작용으로 소화기 계통의 내장기능을 촉진 시키며 장의 연동운동을 촉진하여 배변활동을 돕는다.

베라성분은 인슐린 분비를 촉진하여 혈당 강하작용을 도와 당뇨병을 개선 시키고 성선 호르몬분비를 도와 갱년기 장애나 정력증강에도 효과적이다.

아보나사이드 성분은 모세혈관 확장과 혈관 유연화 작용으로 심장기능을 항진 시키며 성인병 예방에도 효과적이다.

주의: 알로에는 차가운 성분으로 몸이 차거나, 설사가 있거나, 속이 허하고 냉한 사람, 임신중이거나 월경중인 경우는 주의 해야한다.

[홍삼]

　홍삼이란 4~6년근 인삼을 72시간 이상을 숙열하여 원액을 추출하는 과정에서 인삼의 주 약리작용을 하는 진세노사이드가 열분해에 의한 부분구조변화로 인체에 유익한 체력 증강, 노화억제 성분, 항암작용, 항당뇨 성분, 간기능 해독성분, 중금속 해독성분 등 수십종 이상의 새로운 성분이 생성되며 제조공정을 거치면서 중화작용을 하여 소화 흡수가 잘되고 발열성에 대한 부작용이 없는 중성화된 담갈색의 홍삼을 말한다.

　홍삼은 중추신경에 대해서 진정작용과 흥분작용이 있으며 순환계에 작용하여 고혈압이나 동맥경화 예방에 효과가 있다. 또한 조혈작용과 혈당치를 저하시키고 간을 보호하며 내분비계에 작용하여 성기능이나 생식효과에 유효하게 작용하며 항염 및 항종양 작용, 방사선에 대한 방어 효과와 피부보호를 하는 작용을 한다.

　홍삼의 효과 중 중요한 것은 어댑토겐 효과로서 주위 환경으로부터 오는 각종 유해작용인 누병, 스트레스 등에 방어능력을 증가시켜 생체가 쉽게 적응하도록 하는 능력이 있다.

　-홍삼은 특히 다음과 같은 사람에게 꼭 필요하다.

　*스트레스를 많이 받는 사람 : 스트레스는 심장 박동수를 증가시키고 혈관 경련을 일으키며 심한경우 혈관이 파열되어 급작스럽게 혈전을 생성시켜 심근 경색을 일으키는 원인이 된다.홍삼은 각종 스트레스에 대한 저항력을 증대시켜 비정상적 신체조건을 정상화 시킨다.

*암 예방 및 치료를 요하는 사람: 홍삼에는 항암 면역제보다 1.5배 강한 항암면역 효과가 있는 '진산 성분'이 들어있다. 또한 진세노사이드 성분의 암세포 억제작용도 뛰어난 것으로 나타났다.

　*당뇨 예방 및 치료 : 홍삼은 혈당 강화 성분의 작용으로 인슐린 분비가 촉진되어 당뇨병증세를 완화시키고 당뇨병치료로 인한 자각증상을 크게 개선시켜준다.이는 홍삼성분이 모세혈관의 혈액순환을 촉진시켜 환자가 걸리기쉬운 동맥경화 등을 예방시켜줌으로써 당뇨병 치료에는 천혜의 약이라고 전문가들은 말하고 있다.

　*고혈압 환자 : 홍삼은 지질대사와 관련된 각종 효소의 활성을 촉진시키는 작용을 하여 혈중 콜레스테롤을 저하시키고 고지혈증으로 야기되는 모세혈관 질병을 예방하며 혈압을 강하시킨다.

　*성기능 장애자 : 홍삼과 발기 촉진제를 5개월간 투여하고 효과를 측정한 결과 홍삼을 복용한 그룹은 60%가 약물촉진제 복용 그룹은 30%가 호전 되었다고 합니다. 홍삼은 부작용이 전혀 없으면서 성호르몬의 생성을 촉진시키고 음경내 혈류를 증가시킴으로써 발기부전를 치료해주고 정자수와 정자운동을 증가시켜 남성불임 치료에 상당한 효과가 있는 것으로 밝혀지고 있다.

　*술자리가 잦은 사람 : 홍삼의 사포닌 성분은 간세포의 단백질 합성과 간세포의 재생을 촉진하며 독성 대사에 관여하는 효소를 활성화 시켜 간 장해 개선과 예방에 효과가 있다. 또한 알콜의 체내대사 및 배설을 촉진하고 알콜로 인한 간 손상을 막아준다.

　*치매예방을 요하는 사람 : 홍삼 성분에는 혈전증과 동맥경화를 막아주는 혈액 개선 기능과 뇌의 노화를 촉진시키는 지질과산화 작용을

억제하는 효능, 신경세포 손상을 막아주고 기억력을 증진시키는 기능을 가지고 있어 치매 예방에 효과적이다.

　*갱년기 여성 : 갱년기 장애 치료로 호르몬 대체요법을 선호하지만 이는 체중증가나 위장과 간 기능장애, 자궁암이나 유방암 등의 발생 위험이 따른다. 하지만 홍삼은 부작용 없이 난소조작에 대한 혈류량을 증가시켜 갱년기에 나타나는 수족냉증, 난소기능 저하, 우울증, 전신 권태감, 불면증 등을 개선시켜주며 스트레스나 노화와 관련된 호르몬 수치도 개선 시켜준다.

　*집중력을 요하는 수험생 : 신경전달 물질의 분비를 촉진시켜 기억력과 학습능력의 개선은 물론, 입시의 압박에서 오는 피로와 스트레스를 회복시켜주는데 탁월한 효능을 보인다 또한 소화 흡수에 관여하는 효소작용을 도와 수험생에게 필요한 에너지를 축척시킨다.

　*골다공증 예방을 요하는 사람 : 홍산의 사포닌 성분이 뼈의 무게와 강도를 높여주어 골다공증 예방에 효과적이다.

　*빈혈치료를 요하는 사람: 빈혈환자 13명을 대상으로 홍삼성분을 투여한 결과 저색소성 빈혈과 위 절제후의 난치성빈혈에 유효하다는 결과를 얻었으며 특히 각종 빈혈치료제에도 효과가 거의없는 결핵성, 류마티스성,노인성 빈혈에 효과가 있다고 한다.